LOUIS MÉNARD

SUPPLÉMENT

AU

Mémoire lu à l'Académie des sciences morales et politiques,
aux séances des 24 juillet, 7, 14, 29 août et 4 septembre 1897
Extrait textuellement du *Bulletin officiel* du 1er août 1898 et suivi d'articles
parus dans la *Revue bleue*, etc., etc.

LE

COURS ROYAL FAIT AUX DAUPHINS

DEPUIS CHARLES VIII JUSQU'A LOUIS XV

SELON SES TROIS MANUSCRITS CONSTITUTIFS
ET SES QUARANTE-DEUX MANUSCRITS DOCUMENTAIRES
DÉCOUVERTS
MIS EN PLACE, EXPLIQUÉS ET COMMENTÉS

PARIS

Cet aperçu, en deux plaquettes, ne doit pas être vendu ;
elles seront envoyées franco à tous les savants
qui voudront bien en faire la demande et donner leur avis.

1898

LE
COURS ROYAL FAIT AUX DAUPHINS

DEPUIS CHARLES VIII JUSQU'A LOUIS XV

ORLÉANS, IMPRIMERIE PAUL PIGELET, RUE SAINT-ÉTIENNE, 8

LOUIS MÉNARD

SUPPLÉMENT

AU

Mémoire lu à l'Académie des sciences morales et politiques,
aux séances des 24 juillet, 7, 14, 29 août et 4 septembre 1897
Extrait textuellement du *Bulletin officiel* du 1ᵉʳ août 1898 et suivi d'articles
parus dans la *Revue bleue*, etc., etc.

LE

COURS ROYAL FAIT AUX DAUPHINS

DEPUIS CHARLES VIII JUSQU'A LOUIS XV

SELON SES TROIS MANUSCRITS CONSTITUTIFS
ET SES QUARANTE-DEUX MANUSCRITS DOCUMENTAIRES
DÉCOUVERTS
MIS EN PLACE, EXPLIQUÉS ET COMMENTÉS

PARIS

Cet aperçu, en deux plaquettes, ne doit pas être vendu ;
elles seront envoyées franco à tous les savants
qui voudront bien en faire la demande et donner leur avis.

1898

Je croirais manquer à mon devoir vis-à-vis des savants pour qui j'ai fait faire un tirage à part du Mémoire qui précède, si je n'y ajoutais pas deux articles parus sur lui dans la *Revue bleue* et le supplément d'informations qu'ils ont provoqué :

I

LE MOUVEMENT LITTÉRAIRE

LE COURS ROYAL

Par M. Louis MÉNARD

D'après une lecture faite à l'Académie.

M. Louis Ménard a découvert deux manuscrits de 1674 qui lui ont permis, dit-il, « de creuser, de rétablir et de mettre dans son vrai jour la merveilleuse pédagogie des Dauphins qui fit en partie la fortune de l'ancienne France et par contre-coup la civilisation de la vieille Europe ».

Les matériaux du Cours Royal, ainsi révélé dans ses moindres détails, se trouvent dans 45 manuscrits, dont 42 sont documentaires et 3 constitutifs. Dans le travail que nous avons sous les yeux, M. Ménard ne s'occupe que de ces derniers. Celui qu'il examine d'abord contient les indications pour la direction physique, intellectuelle et morale de Louis XIV jusqu'à l'âge de sept ans. L'auteur en serait Arnaud d'Andilly. « Il est temps de mettre fin à cette légende colportée par les Mémoires de l'abbé de Choisy, de Mme de Motteville, que Louis XIV a été négligé, abandonné pour ainsi dire à lui-même en ses premières années et laissé presque tout entier aux jeux, aux plaisirs, sans qu'on l'eût jamais contraint de rien apprendre. » En effet, si nous en jugeons par la table des chapitres, il y aurait eu plutôt un luxe de précautions, de soins, d'emmaillotements physique, intellectuel et moral que d'ordinaire un enfant, s'il a quelque vivacité, supporte avec assez d'impatience : « De ce qu'on fera près de Son Altesse Royale dès qu'Elle sera éveillée ». « De ses prières à Dieu étant fini d'habiller »... « Ses occupations depuis sa cour jusqu'au dîner »... « Avertissement quand Son Altesse Royale apprendra à jouer »... « S'il est bien que Son Altesse Royale prenne en affection le jeu de la paume, ballon, balle à vent et éteuf », etc., etc.

Le deuxième manuscrit date de 1676 et a été composé pour le Grand Dauphin, fils de Louis XIV. C'est un livre de méditations quotidiennes sur « l'Art de bien gouverner les républiques et les familles ». Dans sa dédicace, l'auteur se déclare « un jeune homme du populaire dans sa dix-huitième année ». C'est là évidemment un stratagème pour piquer l'émulation du prince. Le jeune homme a signé du pseudonyme de *Pierre Vérité*, sous lequel M. Ménard croit pouvoir lire le nom de Bossuet. C'est une simple conjecture, mais le style et les idées ne lui donnent pas un démenti formel : tout au plus pourrait-on dire que ce n'est point là, en tout cas, du Bossuet premier choix ; si empêtré de *qui*, de *que*, de *dont*, de *et*, que soient certaines phrases du dernier Père de l'Église, il en est peu qui présentent des broussailles comparables à celles-ci : « Les souverains des États dont le gouvernement est despotique et dont tous les sujets sont leurs esclaves, ont été charmés *de* la gloire et *de* l'autorité, *de* la puissance *du* monarque *des* Français, lorsqu'ils ont vu qu'il n'a point de sujet qui ne soit un petit souverain et que Sa Majesté ne commande qu'à des personnes libres dont le cœur est tout royal et rempli de la gloire des Lys et que leur parfaite obéissance est d'autant plus soumise qu'elle est fondée sur la sincérité de l'amour et de la fidélité ».

D'ailleurs dans le Cours Royal, les attributions me semblent devoir rester question secondaire : l'intérêt de cette reconstitution n'en est pas moins très considérable.

Passons enfin au troisième manuscrit constitutif du *Cours Royal : les Essais sur l'éducation d'un prince*, dont on peut se faire une idée générale par les lignes suivantes qui pourraient servir d'épigraphe : « Si l'on excepte la science des hommes, les princes ne doivent qu'écrémer les sciences, n'en saisir que ce qu'il y a de plus excellent et de plus précieux et en prendre seulement l'élixir et le goût, l'âme et l'esprit, le suc le plus exquis et la plus délicate fleur. » Ici, je me permets de ne pas partager tout à fait l'opinion de M. Ménard : il attribue ces *Essais* à Saint-Simon ; or, je ne trouve pas, à en juger par les citations soumises à notre examen, le style primesautier, irrégulier, naturel, empanaché, précipité, fouillé, terre à terre, à perte de vue... de l'auteur des Mémoires ; au contraire, tout me semble fort pondéré et même trop « sage » à mon gré ; de cette sagesse quelque peu lourde d'un parfait pédagogue princier. Je retiens pourtant certains passages qui me paraissent contenir en germe des progrès non encore arrivés aujourd'hui à leur complet épanouissement.

Ainsi l'histoire, selon l'auteur anonyme, est un maître qu'un prince doit consulter toute sa vie, « mais qu'on ne lui montre pas l'histoire comme une vaine et infructueuse curiosité, ou comme un fardeau de mémoire que les précepteurs ordinaires font étaler à leurs élèves, avec la même ostentation et la même habileté qu'ils ont employée à leur entasser dans la tête, avec beaucoup de peine, bien des faits mal digérés. Ce n'est pas savant qu'il faut rendre un prince, mais habile ». Il faudrait lire, en substituant partout au mot « prince » celui plus général, plus démocratique « d'enfant », — le chapitre entier, œuvre d'un esprit large et solide. La question du latin est traitée sous l'inspiration d'idées tellement modernes que, si je n'avais pas pleine confiance en la bonne foi de M. Ménard, je croirais qu'il nous présente ici un écrit satirique en style du grand siècle, un pastiche en un mot.

Mais non, il faut se rendre à l'évidence, l'histoire n'est qu'un perpétuel recommencement... L'étude du latin est une excellente chose, mais ce n'est pas une raison pour que tous les princes s'y adonnent, à plus forte tous les écoliers. Il faut consulter les facultés de chacun : « A quoi bon tourmenter sans fruit et sans espérance un enfant à ce sujet, quand on ne remarque en lui aucune des dispositions pour y réussir ? »

Et si l'enfant est doué, s'il a, comme nous dirions aujourd'hui, « la bosse des langues », gardez-vous de le rebuter en lui faisant faire des thèmes et en chargeant sa mémoire « d'un fatras de règles, de préceptes, de syntaxes, de racines et de tout un attirail de grammaire sec, épineux et fatigant même pour les personnes qui ont le plus d'envie et de nécessité d'apprendre ». Que faut-il donc faire ? Il faut encore, si vous m'en croyez, lire ce chapitre où vous trouverez peut-être certains détails surannés, mais aussi quantité de choses bonnes, très bonnes et même excellentes.

L'attribution des *Essais* à Saint-Simon peut donc se discuter en vue du style ; mais M. Ménard nous donne diverses raisons historiques qui nous semblent assez difficiles à réfuter : Saint-Simon nous dit en effet, dans ses *Mémoires*, qu'il était le seul qui fût chargé de réfléchir sur l'éducation du duc de Bretagne en compagnie de Beauvilliers et de Chevreuse.

Quant à dire avec M. Ménard « qu'en voyant la profonde sagesse du *Cours Royal* négligée en théorie, méprisée en pratique, à partir du Régent, on comprend pourquoi, scandalisé démoralisé, le peuple, quatre-vingts ans plus tard, envahissait les Tuileries », il me semble que ce serait pousser jusqu'au fanatisme la foi qu'il faut avoir en l'éducation, quelle que soit d'ailleurs la valeur moralisatrice de l'œuvre dont on ne nous a fait connaître encore que des fragments. L'instruction et l'éducation de Louis XIV fut assurément dirigée par des hommes de moindre valeur que celle du Dauphin son fils, et pourtant l'un fut un homme et un roi, l'autre fut une non-valeur étiquetée d'un titre étincelant. Non, en matière d'éducation, il faut toujours en revenir à l'opinion de La Bruyère : il serait insensé de n'en attendre rien, mais il serait imprudent de tout en attendre.

Georges ART.

II

MOUVEMENT LITTÉRAIRE

Nous recevons la lettre suivante à laquelle nous accordons volontiers l'hospitalité, bien que nous maintenions toutes les réserves faites dans notre précédent article.

G. A.

Monsieur le Directeur,

Veuillez me permettre d'expliquer, au point de vue du style, le Saint-Simon nouveau qu'admet historiquement parlant votre article du 30 juillet.

Vos lecteurs trouveront dans le récent Bulletin officiel de l'Académie des sciences morales et politiques une juste appréciation du style spécial de mon Saint-Simon faite par lui-même.

« *Ceux qui se connaissent en style* jugeront aisément avec
« quelle rapidité ces *Essais* ont été écrits et ils y sentiront
« tout le feu du premier trait et une certaine touche libre et
« originale, une certaine teinte vierge, si l'on ose s'exprimer
« ainsi, où tout l'effort de l'art ne saurait atteindre et dont
« les traits vifs et hardis perdent toujours quelque chose de
« leur naïveté et de leur force, à mesure qu'en peignant et en
« léchant son ouvrage de plus en plus on l'affaiblit, on
« l'émousse, on le dessèche, on le défleurit même, au lieu de
« le polir et de le perfectionner, en un mot, cet art, cette
« éloquence muette dont toute la force réside dans l'imagi-

« nation d'autrui qui s'échauffe et s'efforce alors d'entendre
« ce qu'on ne lui dit pas, avec une vivacité qui l'emporte de
« beaucoup au-dessus de tout ce qu'on pourrait dire.

« On supplie donc de pardonner ce qui peut manquer à la
« *régularité* et à la *correction* et de ne chercher en effet ici
« qu'une *ébauche* accordée à l'amitié et non un *tableau fini,
« destiné à paraître au jour*, puisque ce ne sont en effet que
« les premiers traits et les lignes principales d'un dessin,
« d'un ouvrage qu'on remettait au temps, à la méditation, à
« L'EXPÉRIENCE, à L'OCCASION même d'assurer, de développer,
« d'achever, de rendre entier et parfait, du moins autant
« qu'on en peut être capable. »

Certes, les *Mémoires*, commérages rageurs, vengeurs d'un
vieillard désenchanté, ulcéré, à terre, ne doivent, ne peuvent
avoir, n'ont pas en plein réalisme vécu les aperçus vastes, les
horizons grandioses d'un idéal non chimérique mais rêvé,
les essors à perte de vue des *Essais* de notre grand homme
de trente-quatre ans, marchant de plein pied sur les faîtes,
de compagnie, d'égal avec les prochains maîtres du monde,
dans le ciel de l'espérance : *L'art d'être grand père*, de Victor
Hugo, non plus ne sonne pas tout à fait comme son Ode à la
colonne !

Taine peint à ravir le duc et pair qui, vexé de n'avoir pas
tenu son grand rôle bien mérité dans une littérature de perfection, sur le théâtre officiel et d'apparat, se rattrape à
bouche-que-veux-tu, sur l'envers de ses grandeurs, en argot
de ses coulisses : « *Seul, et sans frein, de là son style !...*
« Comme un lustre flamboyant chargé et encombré de lu-
« mières, mais *exclu de la grande salle des spectacles*, il brûla
« en secret, dans sa chambre et après cent cinquante ans il
« éblouit encore !... Il écrivait *seul, en secret*, avec la ferme
« résolution de n'être point lu, tant qu'il vivait, n'étant
« guidé ni par le *respect de l'opinion*, ni par le désir de la
« gloire viagère. Il *n'écrivait pas sur des sujets d'imagina-
« tion*, LESQUELS DÉPENDENT DU GOUT RÉGNANT, mais sur des

« choses personnelles et intimes, uniquement occupé à con-
« server ses souvenirs et à se faire plaisir. *Toutes ces causes*
« *le livraient à lui-même, il* VIOLENTA LE FRANÇAIS A FAIRE FRÉMIR
« SES CONTEMPORAINS, *s'ils l'eussent lu.* Ces ÉTRANGETÉS ET CES
« ABANDONS sont *naturels, presque nécessaires,* seuls ils pei-
« gnent l'état d'esprit qui les produit :

> « Je ne reconnais point dans l'auteur du *Misanthrope*
> « Le sac ridicule où Scapin s'enveloppe. »

s'est écrié M. de Boislisle : je lui répondrai que Saint-Simon
est un de ces génies extraordinaires qui déroutent. Si l'on ne
connaissait de Shakespeare que ses comédies et que l'on
découvrit tout à coup son *Hamlet*, ne serait-on pas surpris?
Corneille, dédiant le *Menteur*, n'a-t-il pas dit : « Je vous présente une pièce d'un style si éloigné de ma dernière qu'on
aura de la peine à croire qu'elles soient parties toutes deux
de la même main. » Ce n'est pourtant pas tout à fait notre
cas, car M. de Boislisle n'a qu'à relire plus attentivement son
auteur, il y verra que çà et là dans les *Mémoires* un Zola
propre coudoye un Alceste magnifique; ainsi, t. XII°, p. 131,
se trouve décrit fort bien avec toute la péripétie du détail
l'enfer du besoin physique le plus grossier souffert par
Mme de Chevreuse, qui se termine ainsi: « Elle se soulagea
pleinement dans cette « chapelle » (où on disait des messes,
tous les matins), derrière le duc de Beauvilliers qui en tenait
la porte » et juste vingt pages plus loin, Alceste, par un sin-
gulier contraste, burine la grandeur d'âme de Louis XIV
tombant avec la même sublimité que l'auteur des *Essais*, la
grandeur d'âme de Marius tombé.

Aussi, nos *Essais* deviennent-ils comme le pivot de la vie,
le point culminant de l'œuvre de Saint-Simon, nos *Essais*
« ouvrage à part » qui le faisaient mourir de regrets, à la
seule pensée de les retracer dans ses *Mémoires,* ces desseins
que la piété d'un deuil *inconsolable* exigeait qu'il laissât dans

l'ombre, dans son propre oubli « les desseins, ouvrage à part »,
c'est-à-dire les essais de réformes politiques par l'éducation
de l'enfant de son prince. De tels regrets furent partagés
plus tard même par un Voltaire qui l'appellera le Marcellus
de la France, et il y a encore pour nous « à mourir de
« regrets » de ce coup d'Etat intime raté, car, s'il eût réussi,
il nous eût épargné la trombe dévastatrice de 93, l'abîme de
honte de 70, l'océan rouge encore grondant de 71, enfin cette
pestilentielle monomanie de l'or qui menace de tout pourrir.

L'éminent critique Désiré Nisard s'est complu à noter la
multiplicité des styles de Saint-Simon : « *Toute la langue du*
« XVIIe *siècle est dans les Mémoires.* Descartes y aurait re-
« connu sa période longue et chargée d'incidentes, où la
« clarté se fait par une lecture répétée ; Bossuet, sa hardiesse
« et son accent ; La Bruyère, son coloris ; Mme de Sévigné,
« sa légèreté de main dans les anecdotes et toutes les grâces
« de son style familier. Saint-Simon est à la fois trainant et
« plein de fougue ; c'est un torrent qui parait embarrassé
« par les débris qu'il charrie, mais qui n'en court pas moins
« vite... *Le plus près de Bossuet* par le tour d'esprit, la nour-
« riture chrétienne, la fougue, l'abondance, le sentiment de
« la vie, Saint-Simon a plus d'un trait commun avec ce grand
« homme. » (*Hist. de la litt. franç.*, 1844-79, Didot.)

Et que n'eût pas dit, dans ce sens, un si bon juge, s'il eût
connu les *Écrits* édités par Fougère, la *Lettre anonyme au
Roi*, qui, faisant pendants aux *Essais*, tranchent quelque
peu par l'étalé de la période, l'étoffé du fonds, l'estompé de
la satire, l'envolé vers l'idéal avec les portraits réalistes en
couleur brute, en saillie fruste, je voudrais pouvoir dire
sculptés à la Rembrandt, qui saisissent dans les *Mémoires !*

Voici maintenant J.-J. Weiss, prophète de mon Saint-Simon
inconnu :

« Le système politique de Saint-Simon et celui de ses *doc-
« trines* sur l'histoire n'ont pas encore été mis dans tout leur
« jour. Sa vie elle-même n'a pas été serrée de près en toutes ses

« crises et suivie en tous ses replis,.. Il fut un *grand homme*
« *qui avorta...* Faisant accepter de tous, même du Roi, son
« caractère de *mécontent*, estimé pour son caractère, redouté
« des moins timides pour la *vigueur et la rectitude inflexible*
« *de ses attaques...* Plusieurs semblaient soupçonner vague-
« ment qu'il y avait désormais en France deux rois. Chaque
« soir, le règne de Louis fini, celui de Saint-Simon commençait,
« dès qu'il se voyait assis devant sa table solitaire avec sa
« plume, seule consolation et seule ressource laissée par la
« jalousie de la fortune à un *esprit vaste qui se sentait né*
« *pour l'empire.* VEUT-ON VOIR L'HOMME POSITIF ET LE POLITIQUE
« HABILE QU'IL AURAIT PU ÊTRE ? IL FAUT L'ÉCOUTER DANS SES ENTRE-
« TIENS AVEC CHEVREUSE ET BEAUVILLIERS SUR LA CONDUITE QUI
« SIED A UN HÉRITIER DU TRONE. Les idées qui remplirent sa vie
« et qui forment le fond constant de son livre sont *une lutte*
« ou plutôt *une association tumultueuse de doctrines con-*
« *traires* qui n'a pu se réaliser qu'en lui... *Mémoires incohé-*
« *rents* où le goût furieux des réactions, l'utopie qui se dé-
« chaîne, les *innovations surannées s'entrechoquent* et se com-
« binent avec accompagnement de combustion et d'explo-
« sion pour former une sorte de précipité politique dont la
« chimie des esprits *n'offre point un autre exemple.* »
J.-J. Weiss, *Essais sur l'histoire de la littérature française*
(1857, Lévy).

J'ajouterai en parallèles une page des *Mémoires* et une
page des *Essais*; ici, Louis XIV est peint en détail d'après
nature, et là, Scipion, Mutius et Marius, sont évoqués de
toutes pièces en bloc.

Dans les *Mémoires* :

« La grandeur d'âme que montra constamment dans de
« tels et si longs revers, parmi de si sensibles secousses
« domestiques, ce roi, si accoutumé au grand et au plus
« satisfaisant empire domestique, aux plus grands succès
« au dehors, se vit abandonné de toutes parts par la for-
« tune. Accablé au dehors par des ennemis irrités qui se

« jouaient de son impuissance, qu'ils voyaient sans ressource
« et qui insultaient à sa gloire passée, il se trouvait sans
« secours, sans ministres, sans généraux pour les avoir
« faits et soutenus par goût et par fantaisie et par le
« fatal orgueil de les avoir voulu et cru former lui-
« même. Déchiré au dedans par les catastrophes les plus in-
« times et les plus poignantes, sans consolation de personnes,
« en proie en sa propre faiblesse, réduit à lutter seul contre
« les horreurs mille fois plus affreuses que ses plus sensibles
« malheurs, qui lui étaient sans cesse présentées par ce qui
« lui restait de plus cher et de plus intime et qui abusait ou-
« vertement et sans aucun frein de la dépense où il s'était
« laissé tomber et dont il ne pouvait et ne voulait pas même
« se relever, quoiqu'il en sentît tout le poids ; incapable d'ail-
« leurs, et par un goût invinciblement dominant et par une
« habitude tournée en nature, de faire aucune réflexion sur
« l'intérêt et la conduite de ses geôliers, au milieu de ces
« fers domestiques, cette constance, cette fermeté d'âme,
« cette égalité extérieure, ce soin toujours le même de tenir,
« tant qu'il pouvait, le timon, cette espérance contre toute
« espérance, par courage, par sagesse, non par aveuglem...t,
« ces dehors du même roi, en toutes choses, c'est ce dont
« peu d'hommes auraient été capables, c'est ce qui aurait pu
« mériter le nom de grand qui lui avait été si prématuré,
« ce fut aussi ce qui lui acquit la véritable admiration de
« toute l'Europe, celle de ceux de ses sujets qui en furent
« témoins et ce qui lui ramena tant de cœurs qu'un règne
« si long et si dur lui avait aliénés. »

Dans les *Essais :*

« C'est cette grandeur d'âme qui, élevant Marius encore
au-dessus de lui-même, dans cet abîme de disgrâces où l'avait
plongé la fortune, proscrit, fugitif, abandonné, accablé de
misère et d'années, seul, sans armes, presque nu, à la merci
et déjà sous le glaive d'un barbare et tout prêt à recevoir le
coup mortel, c'est cette grandeur d'âme, dis-je, qui, dans cet

état, lui inspire ces courtes et magnifiques paroles : « Oses-« tu bien tuer Caius Marcius ? » et qui, rejaillissant en même temps de son âme sur son front et dans ses yeux et lui tenant lieu, elle seule, alors, de puissance, de trésors, de dignités, d'armes, de soldats, de tout enfin, fait tomber à ses pieds, par le charme de ces trois paroles, l'épée menaçante d'un barbare, d'un Cimbre, d'un ennemi farouche et impitoyable, et le contraint à prendre la fuite, éperdu et saisi d'étonnement, de frayeur, d'admiration, comme s'il eût vu, dans ce moment, des éclairs et des foudres sortir des yeux et de la bouche d'un si grand personnage, et le ciel et la terre armés pour le punir de son attentat.

« C'est enfin cette même grandeur d'âme qui, pour expier son erreur et faire comprendre à Porsenna quels ennemis il avait à craindre, fait mettre gaiement à Quintus Mutius dans un brasier ardent sa main, qui s'était trompée au coup qui devait délivrer sa patrie et, la lui faisant regarder brûler, à petit feu, avec un visage ferme et serein, lui fait dire tranquillement à son ennemi ces simples et merveilleuses paroles : « Regarde et sens combien le corps est vil à ceux qui « contemplent une grande gloire. »

Action et discours qui épouvantent et ravissent si fort ce roi victorieux que les armes lui tombent des mains et que, laissant échapper sa conquête, il rend même les vaincus maîtres des conditions de la paix qu'il envoie offrir avec joie à une nation qui a pu produire une vertu si héroïque et si étonnante.

Avec cette force et cette grandeur d'âme, de quoi n'est-on pas capable ? Et sans elle que pourrait-on jamais concevoir, entreprendre ou accomplir de grand et d'élevé ?

Qu'on l'enracine donc fortement, qu'on la cultive, qu'on la fasse croître avec soin dans l'âme d'un prince, cette vertu si haute et si admirable ; qu'on lui en grossisse le cœur, etc., etc.

Quant au Bossuet, j'ai pour preuve matérielle de mon

attribution que le livre de lecture sur l'art de gouverner lui a été demandé par le grand Dauphin : cela est en toutes lettres dans le manuscrit ; mais puisque l'article auquel je réponds cite, tout en admettant mon dire, une phrase embarrassée, je rétablirai la période où elle se dégage !

« Les souverains des États dont le gouvernement est des-
« potique et dont tous les sujets sont leurs esclaves ont été
« charmés de la gloire de l'autorité, de la puissance du mo-
« narque des Français, lorsqu'ils ont vu qu'il n'a point de
« sujet qui ne soit un petit souverain et que Sa Majesté ne
« commande qu'à des personnes libres dont le cœur est tout
« royal et rempli de la gloire des Lys et que leur parfaite
« obéissance est d'autant plus soumise qu'elle est fondée sur
« la sincérité de l'amour et de la fidélité.

« Ces empereurs de captifs ont, dans cette réflexion, es-
« timé, par connaissance et par admiration et ont publié,
« malgré leur jalousie, qu'il est vrai que leur empire, tout
« formidable qu'il est, ne s'étend que sur des esclaves, au
« lieu que le Monarque de France est d'autant plus grand
« seigneur entre les souverains qu'il est le roi de rois et
« que l'obéissance de tels sujets élève sa dignité sur toutes
« les grandeurs et porte son pouvoir infiniment au delà de
« toute autre puissance.

« C'est dans cette pensée, Monseigneur, que je considère
« les Français comme autant de petits souverains et leurs
« familles comme autant de républiques dont les chefs sont
« absolus, ainsi que de petits rois, et leurs enfants et domes-
« tiques, comme les princes et les sujets qui leur rendent
« hommage, sous le suprême empire du Monarque. »

Voici deux passages entre tous où j'ai cru bien sentir la serre de l'aigle :

« Dieu donna à Moïse une verge de puissance qui était
« appelée verge de direction. Si vous ôtez cette verge de
« justice de la main du conducteur d'un peuple, il n'y aura
« plus d'ordre dans son gouvernement. Cette verge dévora

« les serpents des magiciens de Pharaon et la verge de jus-
« tice extermine les malicieux, punit les rebelles, brise les
« duretés des opiniâtres, humilie les superbes et relève les
« humbles ; elle est le guide de nos vies, l'inventrice de
« nos lois et la maîtresse des bonnes coutumes ; elle est
« conservatrice de la paix, ennemie de la discorde ; elle
« épouvante les mauvais et assure les bons ; sans elle
« l'ordre est un désordre ; la vie est une mort ; le repos, un
« travail ; c'est elle qui détruit la confusion, qui produit le
« bon gouvernement ; elle délivre les innocents et con-
« damne les coupables ; elle est cette échelle de Jacob, qui
« d'une pointe touche le ciel, élevant les justes à cette de-
« meure et, de l'autre, la terre abattant les impies ; c'est
« elle qui règle les monarchies et qui étouffe les divisions
« dans leur naissance ; elle pèse les raisons des hommes
« en sa balance et ne considère point leurs qualités ;
« elle est si constante que les menaces ne la sauraient
« étonner, ni les promesses la corrompre ; elle condamne
« les Rois, s'ils sont coupables et absout les esclaves, s'ils sont
« innocents.

« Apprenez de cette doctrine, grands Princes du monde, à
« demander à Dieu un esprit accompagné de sagesse, afin
« que les nuages des passions n'obscurcissent pas la lumière
« qui doit servir de guide à toutes vos actions ; demandez à
« Dieu un esprit hautement illuminé pour connaître les ta-
« lents naturels et surnaturels de vos vassaux, pour leur
« donner des emplois conformes à leurs capacités ; recourez
« à Dieu, comme au père des merveilles, pour vous donner
« un esprit pénétrant, afin de reconnaître les artifices de vos
« ennemis et les déguisements de vos courtisans ; demandez-
« lui la connaissance des humeurs bizarres d'une populace
« changeante, une paix intérieure comme à celui qui, mar_
« chant sur les ondes de la mer, en a calmé l'orage, afin que
« vous puissiez distinguer le vrai d'avec le faux et juger équi-
« tablement des vérités et des mérites de ses sujets. »

2

Quant au *Manuel primaire de Louis XIV*, il est nécessairement à l'actif d'Arnauld d'Andilly ; car d'après Mlle de Montpensier, il était aussi secrétaire de Son Altesse Royale ; par ordre d'Anne d'Autriche, notre manuel fut fait.

En résumé, comme le dit fort bien votre article, les attributions, quelque intéressantes qu'elles soient, sont questions secondaires et la reconstitution du Cours Royal est chose assez considérable par elle-même ; cependant, je tenais à montrer que sous *aucun rapport* je ne hasarde une attribution.

Veuillez agréer, Monsieur le Directeur, l'assurance de ma considération très distinguée.

Louis MÉNARD.

III

Plusieurs lecteurs du *Bulletin de l'Académie* et de la *Revue bleue* m'ont fait l'honneur de me demander un supplément d'informations ; je vais en quelques pages essayer de les satisfaire tant soit peu, espérant que mon édition prochaine leur fournira tous les détails qu'ils peuvent désirer :

Tous les journaux, à la suite de l'*Officiel*, du *Temps*, des *Débats* et du *Soleil*, ont parlé « de l'important, intéressant mémoire » ; quelques-uns en ont donné des passages, ont cité du Saint-Simon nouveau, s'en référant, comme il convient, à l'arrêt suprême de la critique après publication intégrale ; pour toute contradiction immédiate, ils ont fait surgir une lettre qui n'aurait pas éclos, qui n'aurait pu éclore, si la coutume académique m'avait permis de répondre, en séance, à une interrogation posée et ainsi rendre irréfutables, par la citation de textes irrécusables, les preuves accumulées sur énoncé dès ma deuxième lecture.

Ce qu'il m'a été interdit d'exposer devant l'Académie, j'ai pu l'exprimer à la suite de ses observations ; c'était mon droit, mon devoir, l'intérêt de la science, d'ainsi mettre à

néant la seule opposition précise semblant donner quelque
pied à certaines réserves de prudence qui, même, notons-
le bien, n'ont été dirigées qu'à ma cinquième lecture sur
quelques-uns de mes spécimens de Saint-Simon.

Avant tout, je dois dire un mot de mon attribution du
Manuel primaire de Louis XIV au grand Arnauld. J'ai fait,
lors de ma lecture, d'expresses réserves ; aujourd'hui, je
dois être absolument affirmatif. En effet, je viens de trouver
dans les *Mémoires* de Mlle de Montpensier, qu'Arnauld
d'Andilly était secrétaire des *commandements* de Son
Altesse Royale et notre auteur dit à la Reine, en lui remettant
notre manuscrit, « qu'avant de s'éloigner davantage de son
« auguste personne, il rend l'obéissance qu'il doit à ses
« *commandements* pour ce à quoi il s'est engagé, il y a
« quelques mois ».

Mlle de Montpensier écrivait, le 16 juin 1656 : « J'allai à
« Port-Royal-des-Champs ; en y arrivant, je demandai
« M. d'Andilly. Je le connais, ayant été *sécrétaire des com-*
« *mandements de Son Altesse Royale ;* mais M. d'Andilly
« me dit : Eh bien, vous avez vu qu'il y a des images de
« saints, céans ; vous vous en allez à la cour, vous pourrez
« rendre témoignage à la Reine de ce que vous avez vu. Je
« l'assurai que je le ferais volontiers. »

Arnauld ne manqua pas de se rappeler, par Mlle de Montpensier, au souvenir de la Reine : de sa préoccupation il
faut rapprocher deux anecdotes racontées par lui dans ses
Mémoires.

Première anecdote

« Sa Majesté me donna, au matin, une audience si
« favorable qu'elle défendit de laisser entrer aucun autre
« que moi. Les dernières paroles que je lui dis furent que,
« quand Elle n'aurait point de couronne sur la tête, je la
« supplierais très humblement de croire que je ne l'hono-

« rerais pas moins et, si Elle me permettait de le dire, que je
« ne l'aimerais pas moins que je le faisais ; à quoi Elle
« répondit ces mêmes mots : « C'est cela qui est obli-
« geant. »

Deuxième anecdote

« Je revins de Pomponne pour aller rendre mes remer-
« ciments à Sa Majesté et sur ce qu'Elle me dit : « Vous
« aimez donc bien M. de Saint-Cyran, et que je lui repartis :
« Je lui avais, Madame, de si grandes obligations, que je
« l'aimais plus que ma vie ; il y a même ajouté celle de me
« donner son cœur par son testament et j'estime plus cela.
« Sur ce mot cela, Sa Majesté, par un esprit admirable
« d'à-propos, me répondit, en serrant le bras du Roi qu'elle
« menait dans la galerie du Palais-Royal : « que d'être
« cela ? »

Une familiarité intime, aussi singulière, fait mieux comprendre l'intuitif Sainte-Beuve qui (avec une arrière-pensée
précise, puisqu'il souligne certains mots), s'est complu à
montrer combien Anne d'Autriche demeura, malgré tout et
contre tous, fidèle à notre auteur :

« I. La Reine, disait Mazarin, est admirable dans l'affaire
« des Jansénistes ; quand on en parle en général, Elle veut
« qu'on les extermine tous ; mais, quand on lui propose d'en
« perdre quelques-uns et qu'il faut commencer par
« M. Arnauld d'Andilly, Elle s'écrie aussitôt qu'ils sont trop
« gens de bien et trop bons serviteurs du Roi. »

II. On veut forcer la main à la Reine, Elle dit : « Puisque
« M. d'Andilly a donné sa parole, on ne peut mettre sa
« sincérité en doute. »

III. La Reine avait demandé si M. d'Andilly l'*aimait encore*
(ces deux mots soulignés par Sainte-Beuve), ajoutant qu'Elle
avait intérêt qu'il n'abandonnât pas ses arbres dont il lui

donnait de si beaux fruits. « Il avait à Port-Royal le titre de surintendant des jardins, il y faisait des fruits monstres, il en faisait des cadeaux à la Reine en paniers cachetés, afin qu'Elle fût assurée que personne n'avait pu y toucher. »

C'est, dans un cadre chrétien, le vieillard des Géorgiques, poète, qui rumine telle strophe toute savoureuse de fruits et toute bourdonnante d'abeilles, en se promenant, la serpe à la main, le long de quelque haie du verger.

IV. L'expulsion de Port-Royal avait été décidée; mais le cardinal donna contre-ordre, Sa Majesté se confiant en la parole de M. Arnauld d'Andilly.

V. M. de Chavigny allait remercier la Reine de ce que, M. de Saint-Cyran mort, son abbaye avait été donnée à un des siens : « Eh ! qu'aurait dit M. d'Andilly, répondit-Elle, si je l'avais donnée à un autre ? »

Une particularité curieuse, c'est qu'Arnauld d'Andilly fut désiré pour faire l'éducation de Louis XIV, tout comme Saint-Simon pour faire celle du premier duc de Bretagne, dès la naissance de ces deux princes : Anne d'Autriche, disent les *Mémoires* de Petitot, avait eu un désir très vif de donner, pour précepteur à son fils, Robert Arnauld d'Andilly, à qui elle s'en ouvrit et qui l'a dit dans ses *Mémoires ;* elle avait aussi fait connaître cette intention à la princesse de Condé, mère du grand Condé, et à la princesse de Guémené : « Mais, comme dit Arnauld, Mgr le cardinal Mazarin aurait-il « pu y consentir ? »

Dans des stances chrétiennes que Sainte-Beuve trouve comparables aux strophes ascétiques de l'*Imitation de Jésus-Christ* traduite par Pierre Corneille, Arnauld a tracé les devoirs des rois, des ministres, des favoris, des peuples, des pères, des enfants, des riches, de la cour, etc., où on retrouve des analogies, comme idées et comme style, avec certains passages du *Manuel primaire de Louis XIV ;* je citerai la strophe sur les rois :

> Princes, du Dieu vivant les vivantes images,
> Qui portez comme lui la foudre dans vos mains,
> Qui régnez comme lui sur le sort des humains
> Et, d'un trône élevé, recevez leurs hommages
> Usez de ce pouvoir qui vient du Roi des cieux
> Pour soumettre la terre à son nom glorieux
> Et rendre vos sujets heureux sous votre empire ;
> En vain de vos lauriers vous couvrez les autels,
> Si dans tous vos desseins votre vertu n'aspire
> A cueillir dans le ciel des lauriers immortels.

Certaine autre strophe, où la passion couve comme braise sous la cendre, est tracée de main de maître par un homme qui a été bouleversé par le plus violent orage du cœur, puis a quitté le monde et l'on se surprend à rêver sur le contraste de cet exil riant, tempéré dans l'Éden régalant d'un jardinage d'artiste avec la sépulture absolue d'une Lavallière toute vive dans les mortifications du Carmel ; mais je ne veux pas descendre, même en pensée, des sommets de la science certaine aux sentiers hasardeux de la conjecture et je prends le mot familier d'Anne d'Autriche, cette Habsbourg inaccessible, secouant le bras de son petit Louis XIV : « *Que d'être cela,* » pour ce qu'Arnauld e donne dans des *Mémoires* justificatifs *publiés par lui-même* pour un trait d'esprit admirable d'à-propos et je me borne à asseoir mon attribution sur ces deux passages :

« *Avertissement.*

« Je croirais être criminel près de Votre Majesté, si, aupara-
« vant que de m'éloigner davantage de son auguste personne,
« je ne rendais l'obéissance que je dois à ses *commande-*
« *ments* pour ce à quoi je me suis engagé, il y a quelques
« mois...

« Si Votre Majesté agrée ma fidèle obéissance et mes très
« humbles services, je lui demande en grâce qu'Elle seule

« compatisse à mes faiblesses et à la bassesse de mes pen-
« sées.

« Je suis sans condition à Votre Majesté et non à autre :
« qu'Elle ne me donne à personne. »

Maintenant quelle était la place littéraire d'Arnauld d'Andilly dans le grand siècle avant ma découverte ? Je laisserai
parler Sainte-Beuve : « Littérairement, M. Arnauld d'Andilly
« a rendu de vrais services à la langue… Il coopéra aussi
« largement que personne et d'une façon très saine à l'œuvre
« d'épuration et d'élégance de Balzac et de Vaugelas. Il est,
« comme écrivain, le plus académiste, le plus beau diseur et
« le plus littéraire de Messieurs de Port-Royal. Port-Roya
« sera pour les amis du vrai et du beau jugé digne d'une
« mémoire éternelle. Dans sa manière d'enseigner les belles-
« lettres, il se porte comme par le milieu entre l'Université
« encore gothique et les Jésuites déjà brillantés. A propos
« de l'Université, un trait me revient : en 1848, elle n'avait pas
« encore accepté les réformes les plus expressément indi-
« quées et approuvées en 1643 ».

Sainte-Beuve en cite un autre sur l'Académie ; on lit dans
Segrais : « M. d'Andilly n'ayant pas voulu accepter une place
« vacante dans l'Académie française, qui lui fut offerte, le
« cardinal de Richelieu fit insérer dans les statuts l'article
« qui porte que personne n'y sera admis, s'il ne le demande.
« Il renouvela plus tard ce refus aux ouvertures académiques
« qui lui furent faites une seconde fois, en 1649. »

En résumé, par son manuel primaire de Louis XIV, Messire
Robert Arnauld d'Andilly, ami intime, pour ne pas dire amant,
mettons platonique, de la Reine-mère, me semble devoir
passer du second rang au premier, parmi les écrivains du
XVIIe siècle qui, on l'a dit, fut et demeure celui de Port-
Royal, comme le XVIe fut celui de la Renaissance, vainqueur
du moyen âge.

Après Arnauld viendra celui dont Sévigné célébrait la pana-
cée morale, Nicole, titulaire d'une *Education de Prince*, puis

Pascal dont les *Provinciales* devaient inspirer mon *Livre abo-minable* à Molière et à Corneille (voyez le xix⁰ siècle, 9 déc. 83, Edmond About), ensuite Duguet, auteur de l'*Institution d'un Prince*, enfin Saint-Simon, l'improvisateur des *Essais* : lignée janséniste superbe, l'opposition, l'envers de ce temps-là, aïeux, sans le vouloir, sans le savoir, sans même s'en douter, des instigateurs de la plus dévastatrice des révolutions d'où la France peut, doit pourtant remonter à son antique supré-matie, si elle sait profiter de la leçon des désastres, renouer, s'adapter, s'harmoniser, dans le siècle en marche, avec la doc trine impérissable des pacifiques réformateurs de Port-Royal et du Cours Royal.

Je passe à mon attribution des *Essais* au duc de Saint-Simon.

J'attends, depuis seize mois, soit en communication, soit en publication, le fameux pli, qui, dans l'esprit de M. de Boislisle, devait la foudroyer. En l'attendant, je dois donner en srb-stance la protestation immédiate qu'à ce sujet j'ai eu l'honneur d'adresser à l'Académie :

« Je lis dans le *Temps* du 12 septembre : « M. de Boislisle
« présent à la séance du 11 donne quelques explications à sa
« *lettre.* D'après lui, ce manuscrit, qui n'est d'ailleurs qu'une
« œuvre de pure rhétorique, ne reproduit ni le style, ni les
« doctrines de Saint-Simon.

« A la séance du 4, où était M. de Boislisle, deux des
« membres m'ont demandé d'expliquer à nouveau les raisons
« de mon attribution et sur l'observation de M. le Président
« que les personnes ne faisant point partie de l'Académie ne
« sauraient prendre la parole pour une discussion, je n'ai pu
« satisfaire aux désirs exprimés.

« A la séance du 11, en mon absence et par conséquent mon
« impossibilité matérielle de me défendre, M. de Boislisle,
« étranger comme moi à l'Académie des sciences morales et
« politiques, commente sa lettre.

« Permettez-moi, Monsieur le Secrétaire perpétuel, de

« protester contre cette intervention à la fois *bien tardive, bien*
« *prématurée et quelque peu intéressée :*

« *Bien tardive,* car, le 15 mars 1882, la *Revue de l'Ensei-*
« *gnement supérieur,* comme je l'ai déclaré dans mon mémoire,
« commençant la publication de six spécimens de mon Saint-
« Simon (par traité, elle les honorait de deux mille francs) les
« faisait précéder de cette seule note de la rédaction :

— « Sans nous porter garants de l'attribution de M. Louis
« Ménard, nous croyons devoir soumettre à l'appréciation et
« aux conjectures du monde savant cette œuvre assurément
« très remarquable —. Le comité de rédaction était composé
« de MM. Taine, Bunoir, Petit de Julleville, Lavisse, Boutmy,
« Dastre, Beausire, Gréard, Marion, Boissier, Cousin, Labou-
« laye, Lefort, de Coulanges, Pasteur, Gazier, Janet, Monod,
« Masson, Berthelot. Or est-il probable, possible même que
« M. de Boislisle, si intéressé dans la question, n'ait pas eu
« connaissance de cette publication, âgée de quinze ans, contre
« laquelle nul jusqu'ici n'a protesté, pas même M. de Boislisle ?

« *Bien prématurée :* en effet, M. de Boislisle me condamne,
« sans m'avoir entendu. Il n'a pas assisté aux quatre pre-
« mières séances où j'ai exposé ma découverte et les raisons
« de chacune de mes attributions ; il ne me les a pas deman-
« dées, ni même fait demander ; il ne connait pas les sources ;
« il n'a vu aucun des manuscrits. Par contre, il siégeait
« parmi les membres à ma cinquième et dernière séance où
« il se démenait pour me recruter des opposants !

« Enfin M. de Boislisle est trop *intéressé* à la question pour
« que son intervention soit impartiale. En effet, l'année 1703
« l'a déjà amené à son XII⁰ volume d'une édition pointilleuse
« d'où il a cru devoir bannir la notice officielle et la méthode
« rationnelle d'un Sainte-Beuve, mais qu'en revanche il
« grossit d'accessoires du temps ; or, si cela n'est pas du Saint-
« Simon, cela peut devenir son meilleur accessoire ; si cela
« est du Saint-Simon, son édition n'est plus. J'aurais compris
« de M. de Boislisle un travail bien documenté (il a eu 15 ans

« pour le faire!) où il aurait tenté de faire prévaloir son opi-
« nion; mais sans preuves, sans raisons, *à priori*, *ab irato*
« il demande à l'Académie de ne pas prendre la publication de
« mon mémoire sous son patronage. De quel droit, de quelle
« autorité une pareille demande ? Est-il à lui seul la critique ?
« Est-il Saint-Simon ? »

Mais les détails, comme l'ensemble des *Essais*, imposent la
paternité de Saint-Simon, type extraordinaire, le seul qui
puisse s'harmoniser et s'harmonise à merveille avec les exi-
gences multiples de notre œuvre si originale, unique même
sous tous les rapports : en effet, son auteur dit qu'il a écrit
malgré lui et il n'y a que Saint-Simon pour se défendre, se cacher d'écrire ; il ajoute qu'il a été engagé *malgré lui* à réfléchir sur l'éducation d'un prince et il suffit de lire les longues
pages que Saint-Simon a consacrées au refus du poste de gou-
verneur, malgré les instances du Régent, de se rappeler ce
qu'il disait à Beauvilliers : « sous nul autre que vous je ne
« le voudrais être », pour voir que Saint-Simon seul pouvait
parler ainsi ; plus de Beauvilliers, de Chevreuse, de duc de
Bourgogne pour alliés, plus de *réformes* par l'éducation du
prince, espérables ! sublimes visées exclusivement spéciales
à Saint-Simon.

« Le style étant l'homme même », voici en parallèle un
spécimen :

Sainte-Beuve, sur Saint-Si-mon, contre les flatteurs et les ingrats, ruine des gou-vernements, quelle qu'en soit la forme.	*Les Essais, contre les flat-teurs et les ingrats, ruine du Roi, de l'Etat et des Princes dont le concert fait la santé du corps social.*
« Ce qu'il avait surtout en « horreur et à quoi il était le « plus antipathique, c'était la « platitude, la servilité, la	« Malheur à tout Prince qui, « se laissant surprendre à un « charme passager et trom- « peur, avale le poison mortel

« bassesse, la cabale person-
« nelle et sous un but élevé,
« l'oubli, la ruine de tous et
« de l'Etat en vue de soi ; en
« un mot, ce qui faisait le
« grand fonds de corruption
« des cours et qui peut-être
« n'a pas cessé d'être encore
« la plus grande plaie des
« hommes réunis en com-
« mun, voire même des as-
« semblées dites constitution-
« nelles, nationales ou popu-
« laires. Il s'indignait de voir
« autour de lui ces types de
« plate et servile courtisane-
« rie, cette race des Danjeau
« et des Dantin et il ne pré-
« voyait pas encore dans un
« avenir prochain ces autres
« extrêmes et qui ne l'au-
« raient pas moins désolé,
« ces gentilshommes passés
« à la démocratie et la gui-
« dant à l'assaut, les Mira-
« beau, les Lafayette, les La-
« meth et le plus excentri-
« quement démocrate de tous,
« son propre descendant à
« lui-même. »

« de la flatterie caché sous
« ce charme qui le fait périr
« et le tue et qui cause non
« seulement sa perte qu'il ne
« s'est que trop attirée,
« mais encore celle de tant
« d'innocents que la sienne
« enveloppe et entraine par
« un enchaînement néces-
« saire. Que n'y a-t-il des
« *supplices* pour les *flatteurs*
« et les *ingrats*, comme il y
« en a contre les voleurs et
« les assassins qui sont bien
« moins pernicieux et moins
« criminels ; peut-être que la
« crainte des tourments et de
« la *mort* pourrait retenir
« ceux que l'horreur du vice
« et la honte de leur propre
« infamie est trop faible pour
« arrêter !... Le Roi, l'Etat et
« les princes mêmes ne sont
« qu'une même chose comme
« les parties et le tout et ont
« une liaison et un rapport
« aussi nécessaires et aussi
« naturels que le corps, la
« tête et les principaux mem-
« bres ; leur concert et leur
« harmonie produit et en-
« tretient réciproquement
« leur conservation et la
« santé parfaite de tout le
« corps. »

Dans la fresque de Sainte-Beuve et dans la jetée de nos *Es-sais*, même physionomie du premier chrétien, de l'apôtre, « aussi hardi novateur et violent justicier que vrai grand « seigneur ».

Notre écrivain *à part*, qui ne s'occupe que « de la réalité « des choses et point du tout des couleurs et de la manière « de les peindre », a nécessairement diversifié son style selon la diversité des sujets. L'*Introduction* ayant une pa-rité d'objectif qui est l'histoire, nous allons retrouver l'expres-sion analogue dans les *Essais*.

« Ce maître qui sait proportionner ses leçons à l'avan-« cement qu'il remarque dans ceux qu'il instruit, etc., etc., « se retrouve dans notre article 5, p. 10 » : « On doit se fixer « à faire insensiblement entrer un prince dans les connais-« sances nécessaires à son état et à l'y appliquer successi-« vement et par degrés à aider, à soutenir, à fortifier les lu-« mières d'un enfant encore trop faibles pour de si grands « objets, en lui communiquant les siennes à peu près comme « on leur apprend à marcher, en les portant d'abord presque « entièrement, les soutenant ensuite de la main et enfin les « abandonnant peu à peu à eux-mêmes, sans les aider ni les « suivre que de la voix et des yeux et se tenant toujours « prêt à les redresser au moindre faux pas et à les relever « promptement de leurs chutes. »

L'*Introduction*, qui blâme l'historien de s'en tenir à l'expo-sition nue des faits, trouve son pendant plus tenu, mieux creusé, plus fouillé dans cette période de notre article 35, p. 51 de mon Mémoire :

« Je fais plus de cas pour un prince et pour tout autre « homme même de ce beau mot de Titus, etc. », voir suite, p. 51.

L'*Introduction* dit que « la grande étude est au milieu du monde soigneusement masqué ». Comparez-lui ces deux pas-sages, l'un article XX, p. 44 de mon Mémoire : « A l'égard de ceux qui sont au-dessus de nous, etc. » —l'autre, article XXIV :

le voici : « C'est par ce commerce fréquent et suivi avec les grands qu'un Prince fera du progrès et se perfectionnera insensiblement dans la connaissance des hommes ; ils s'y montreront à lui, tôt ou tard, tels qu'ils sont ; la liberté, la facilité, le plaisir, l'habitude, la chaleur même et le charme de la conversation qui se glisse en flattant jusqu'à ouvrir les cœurs et en tirer et mettre au jour ce qu'il y a de plus caché et de plus important, mille autres appâts semblables leur feront poser le masque et renoncer à la gêne et à l'esclavage de la contrainte. Il y a des moments où les plus dissimulés et les plus corrompus s'oublieront et cesseront d'être sur leurs gardes. »

La page 16 de l'*Introduction* : « Ceux qui ont la confiance « des Princes ne doivent pas leur laisser ignorer les mœurs, « la conduite, la connaissance des hommes », appelle la page 41 de mon Mémoire : « L'homme étant né pour la so-ciété », etc.

Pour en finir avec les détails de mots, Saint-Simon, surtout dans son *Introduction*, crée diverses expressions (entre autres, écrire de source, savoir d'original), qui se trouvent en mieux dans les *Essais*. Par exemple ce mot à la Pascal : « Pour at-« teindre au grand, il faut travailler d'original ». Mais non seulement tout s'accorde entre l'imprimé de Saint-Simon et notre inédit ; mais encore rien d'aucune sorte ne s'y contre-dit. Un seul exemple : Il conseille dans nos *Essais* de faire lire à son royal élève, pour lui former un style épistolaire, les lettres du cardinal d'Ossat, ce *bréviaire des ambassadeurs* ; voici un texte qui nous confirme cette vue-là : *Ecrits inédits*, Faugère (t. VI, p. 26) : « Parlant des menées du prince de « Vauldemont et du duc de Lorraine, Saint-Simon dit : Tels « sont ces louveteaux que le cardinal d'Ossat a dépeints si au « naturel dans ses *admirables lettres* ».

Dans les mêmes *Ecrits inédits* publiés par Faugère, Saint-Simon ne saurait être, n'est pas tout le même que dans le corps des *Mémoires*. C'est surtout dans la *Lettre anonyme adressée au Roi*, d'après une *copie* attribuée par l'éditeur à Saint-Simon, qu'éclate la différence de style exigée par la différence d'*objet*, et par la même raison cette lettre se rapproche d'autant des *Essais*.

Avant d'esquisser leur parallèle, je dois rappeler que Saint-Simon osait à peine confier au papier muet ce qu'il avait en tête et sur le cœur ; il nous a dit dans ses *Mémoires* qu'il devait feindre de paraitre inoccupé pendant qu'il était surmené par ses amis à rédiger pour le Dauphin, il l'écrit encore, en toutes lettres, après avoir nommé les surintendants de l'éducation de Louis XV. « Sur les dieux et sur les Rois silence ! » Donc, même dans les écrits secrets ou anonymes il nous faut sous-entendre ou mieux deviner ce que les contemporains intéressés auraient compris tout de suite à demi-mot ou même entre les lignes.

Voici dans sa *Lettre anonyme adressée au Roi* la page 11 :

« Depuis les pertes affreuses des Dauphins, les cœurs se
« sont ouverts autant que les yeux et plus le respect et l'af-
« fection pour Votre Majesté ont été grands, plus l'alarme
« pour le royaume est devenue pressante et plus ces désirs
« morts et vagues par la difficulté de leurs succès ont pris
« d'accroissement et de force et ce qui n'était en effet qu'un
« mieux-être tant que vous avez eu un successeur âgé est
« devenu une nécessité pour soutenir la succession naturelle
« et l'intégrité de la monarchie. Cette nécessité si importante
« est donc que Votre Majesté dont la piété, la grandeur
« d'âme, l'élévation au-dessus d'elle-même, la conformité à
« la volonté de Dieu, les intentions droites et candides pas-
« seront justement en exemple à la postérité, si elle les peut
« connaitre dans toute leur étendue, fasse un effort de toutes
« ces vertus pour sauver sa royale maison et son Etat, l'une
« la première de l'univers en durée de règne ; l'autre, le
« premier de l'Europe. Il ne faut rien moins, Sire, que ce
« grand et généreux effort de tant de vertus pour le grand
« œuvre dont il s'agit maintenant. Il semble que Dieu ne les

« ait toutes rassemblées en si haut point en Votre Majesté
« auguste que pour lui en faire faire ce magnanime usage
« que le nom de grand acquis par tant de conquêtes dont
« elle voit la fragilité ne lui ait été déféré qu'en avancement
« d'un titre plus stable et plus réel. »

Ces vertus de Roi, cette élévation au-dessus de lui-même,
cette fragilité des conquêtes, cette simple avance sur un état
plus solide se retrouvent peintes, chantées sur tous les tons,
dans une gamme identique ; mais plus en fresque, plus en
orchestre encore dans notre article LXXXI : « La grandeur
« d'âme, vertu des vertus, fait les demi-dieux » et dans l'article LXXVI « sur les conquérants semblables à un torrent et
« à la foudre », articles qui sont tout au long à la fin de mon
mémoire, p. 81 à 35.

Plus loin, dans les *Ecrits inédits*, cet aperçu ty-
pique :

« Vous ne connaissez personne, vous ne pouvez connaître
« personne, puisque personne ne vous parle et que vous vous
« êtes rendu inaccessible et comme le prisonnier de vos mi-
« nistres » doit être comparé avec tout notre article XXIV :
« La conversation des Princes avec leurs sujets fait poser les
« masques et gagne les cœurs ».

Cet autre passage : « Prenez des résolutions dignes de vos
« vertus, dignes du nom de Grand, en devenant le conqué-
« rant de vous-même, vous qui l'avez été si longuement et si
« glorieusement de nations et de grands Rois », nous reporte
nécessairement à notre article LXVII sur la vraie gloire, sur
les conquérants, etc.

C'est entre objets identiques que l'on sent l'identité des
plumes qui les ont tracés, *réalisés*, selon l'expres si onsihardie
de l'auteur.

Le germe des *Essais* est curieux à considérer, il se trouve
dans les *Mémoires. L'Institution d'un Prince*, de Duguet,
qui ne parut qu'en 1732, et dont Saint-Simon parle comme
ayant été faite en deux ans, du 16 février 1699 au 1er no-

vembre 1700, était connue de lui, lorsqu'il écrivait les *Essais*, puisque ceux-ci portent la date de 1709.

Outre que leur auteur est à tous égards de mille coudées au-dessus de Duguet, il suffit des deux premières lignes : « Je ne croyais pas avoir jamais à réfléchir et encore moins « à écrire sur l'éducation d'un prince ; on sait assez ce qui « m'avait engagé à l'un malgré moi et je me suis laissé aller « à l'autre par complaisance pour mes amis et pour justifier « ou pour excuser en quelque manière le choix d'un grand « prince », pour écarter toute idée d'attribuer les *Essais* à Duguet, même en collaboration la plus minime.

Saint-Simon écrivait trop d'original (c'est son mot dans les *Essais* et dans les *Mémoires*) pour songer à imiter Duguet, qu'en passionné ami il comble d'éloges. Ses lettres inédites révèlent un esprit médiocre de nature.

Quand il n'était pas très ferré sur un sujet, il empruntait ; mais il l'avouait bonnement : par exemple, page 35 des *Essais*, à propos du Nouveau Testament : « Il faut enseigner un jeune prince à le lire avec fruit, aussi bien que plusieurs excellents ouvrages que nous avons sur la religion, et auxquels on est *redevable de la plus grande partie de ce qu'on vient de dire.* » Et page 9, on voit que la décalque était loin d'être par lui érigée en théorie : « Les meilleures copies ne sauraient manquer d'être froides et languissantes ; il est impossible que celui qui se borne *à imiter* ne demeure nécessairement en arrière... » Et page 36 de mon mémoire : « C'est le génie qui rend habile, et ceux qui ne savent que ce « qu'ils ont appris croassent en vain, faibles et vils corbeaux, « contre l'aigle immortel de Jupiter. »

Donc Saint-Simon n'a pas le moins du monde singé Duguet ; mais de son *Institution d'un Prince* il s'est rappelé la charpente générale que devait approuver La Harpe, et qui semble elle-même quelque peu empruntée aux *Pensées* de Pascal ; il en a oublié les défauts de composition et tous autres, que devait non à tort lui reprocher Mme de Genlis ;

homme de cour, observateur et peintre sur vif, il n'a pas l'ombre de ces fatras de pédagogue, d'ecclésiastique, de liseur dont notre abbé, fine fleur de l'oratoire, s'était encombré; il s'en tient au bagage indispensable à un héritier de la couronne, né pour l'action : « Il faut, disent les *Essais*, ouvrir au Prince le grand livre du monde, dès ses plus tendres années, et lui apprendre à y lire, à proportion de sa connaissance. Ainsi donc il est très important qu'il soit élevé au milieu de la cour; c'est son pays ; c'est son centre ; c'est l'air qu'il doit respirer ; c'est la mer sur laquelle il doit naviguer, toute sa vie, et dont par conséquent il ne peut trop essayer de connaitre par ses yeux les rades, les ports, les écueils, les vents, le calme, les orages et les tempêtes, en un mot tout ce qui a rapport à ce pays, si différent de tous les autres. Et qu'on ne m'oppose point que le tumulte et la dissipation de la cour pourront nuire à ses études, qui demandent de la retraite et de la tranquillité ! Il n'y a point d'étude si nécessaire pour un Prince que celle du monde, et toutes les autres ne doivent tendre qu'à celle-là. Je soutiens, de plus, qu'il tirera un grand fruit de ce tumulte même. On l'accoutumera ainsi à mêler le monde et la retraite. En mettant ainsi dans le monde un Prince encore enfant, on lui fera gagner dix ou douze années, qu'on l'oblige ordinairement de perdre dans l'obscurité d'un cabinet. »

Voilà pourtant ce que M. de Boislisle appelle « une œuvre « de pure rhétorique ».

Pour qu'on ait une esquisse moins imparfaite de la silhouette du *Cours Royal* inédit, je terminerai cette note trop succincte vu la matière, par la table de mon Introduction générale qui à elle seule formera par la simple analyse des 42 manuscrits documentaires un volume de 400 pages, sous ce titre justifiable : *La Renaissance et le Grand Siècle inconnus*.

I. Définition du *Cours Royal*.

II. La Résurrection de la monarchie : poème fait pour Charles VIII.

Il me reste à faire tenir l'âme même du Cours Royal dans ces deux mots de Sénèque et de La Bruyère : « Le Prince est le lien par lequel le faisceau de l'État demeure uni, le souffle vital par lequel sont animés tant de milliers d'hommes qui ne seraient qu'un fardeau pour eux-mêmes et une proie pour l'ennemi, si cette âme du gouvernement venait à disparaitre » (Sénèque).

« Si les brebis se dispersent, le berger les rassemble ; si un loup parait, il lâche son chien qui le met en fuite, il les nourrit, il les défend ; l'aurore le trouve déjà en pleine campagne d'où il ne se retire qu'avec le soleil : image naïve des peuples et du prince qui les gouverne, s'il est bon prince » (La Bruyère).

En prenant pour devise ce dernier mot de la sagesse antique et moderne, le Cours Royal, qui depuis François Ier jusqu'à Louis XV n'a pas vagabondé dans des idéals chimériques, a constitué par ses génies traditionnels un trésor théorique inestimable, on peut même dire incomparable à tous les points de vue.

Post-Scriptum. — Pendant que l'imprimeur de l'Académie me composait ce qui précède, j'ai reçu de hautes notabilités parisiennes et étrangères plusieurs lettres, je les insère *in extenso* pour la sincérité de la consultation publique que j'ai ouverte; mais je dois en taire certaines signatures. Il serait, en effet, peu chevaleresque à moi de forcer, pour ainsi dire, la main à ces distingués critiques dans le libre tournoi qui va se poursuivre autour de ma publication intégrale et où j'espère bien qu'ils jouteront ; de cette manière, ils pourront, si leur conscience littéraire les y invite, tourner leurs armes contre mes attributions, sans danger pour leur amour-propre ; moi je ne demande que la lumière, je n'ai soif que de la vérité : qu'il soit de A ou de Z : *Exegi monumentum ære perennius* !

« *Vienne, ce 23 août 1898.*

« Monsieur,

« Avec un vif intérêt, je viens de lire vos communications à l'Académie des sciences morales et politiques et j'aimerai faire à ce sujet un compte rendu dans un des grands journaux de Vienne.

« Vous citez page 245 « le docte Étienne », je vous serais fort reconnaissant si vous vouliez bien me dire qui était cet Étienne et où a-t-il posé la question sur l'éducation de Louis XIV.

« Je vous remercie d'avance pour votre amabilité et j'ai l'honneur, Monsieur, de vous prier de vouloir agréer l'assurance de ma considération très distinguée ».

« *Office du Times, 24 août 1898.*

« Monsieur,

« Votre découverte du *Cours Royal* est vraiment extraordinaire. L'Angleterre, qui a édité luxueusement les classiques *ad usum Delphini*, ne manquera pas de faire traduire dans notre langue ces nouveaux classiques de la France : du moins, c'est mon avis.

« Votre vraiment...   A.

« *Paris, 13 octobre 1898.*

« Monsieur,

« Je viens d'achever la lecture des notes et des documents que vous avez bien voulu me communiquer par l'intermédiaire de M *''*, directeur de *'''*. Cette lecture m'a très vivement intéressé et je tiens à vous féliciter de la belle découverte que vous avez faite : elle est plus précieuse qu'il ne m'avait paru au premier examen. Dans les *Essais* que vous attribuez à Saint-Simon, il y a quelques-unes des plus belles pages de prose du dix-septième siècle et je ne doute pas que le jour où vous aurez publié ce rare document, des pages comme celles consacrées à Tibère (LXVII) ne deviennent *immédiatement classiques*. C'est beau comme le plus beau Bossuet et si celui-ci n'était mort en 1704 et si votre manuscrit ne portait la date de 1709, c'est Bossuet que je tiendrais pour l'auteur des *Essais*.

« Vous les attribuez à Saint-Simon : les raisons de fait que vous donnez me paraissent *très sérieuses*. La forme, en revanche, me semble vous donner tort : un seul passage ressemble a du Saint-Simon : « Ceux qui se connaissent en « style, etc. ». L'auteur s'excuse de ses incorrections et les passages que vous citez sont au contraire d'une langue très châtiée ; la période est très ample ; le style est d'un orateur et l'on ne trouve guère cela dans Saint-Simon. Toutefois je reconnais que les rapprochements opérés par vous sont *troublants* et font hésiter la conviction.

« Peu importe, du reste, de qui est le document ; qu'X ou Y l'ait composé, il est d'*importance capitale* et je ne saurais trop vous engager à le publier le plus vite possible. Je vous ai dit d'autre part et de vive voix l'intérêt que j'attache au travail d'Arnauld d'Andilly : en tant qu'historien, il m'intéresse plus que les *Essais* ; mais les *Essais* n'en sont pas moins la perle et la perle unique.

« Croyez, je vous prie, Monsieur, à mes sentiments les plus distingués.

M.

Agrégé-ès-lettres,
Professeur *** au lycée *** de Paris,
Secrétaire général de ***

« *P.-S.* — Je viens de relire quelques-unes des pages les

plus célèbres du *Discours sur l'histoire universelle*. Certains passages des *Essais* sont beaucoup plus beaux. »

Voici l'un des documents dont parle l'éminent professeur.

LA RENAISSANCE ET LE GRAND SIÈCLE INCONNUS

D'APRÈS LES 42 MANUSCRITS DOCUMENTAIRES DU COURS ROYAL

Par ce titre, *La Renaissance et le Grand Siècle inconnus*, je prétends qu'au moyen d'œuvres inédites et de documents ignorés, on peut, on doit faire lever une lumière nouvelle ur les cimes de ces deux époques qui ne font qu'un : la Renaissance est au grand siècle ce que la tige est à la fleur.

Ce que j'appelle le *Cours Royal* a été, dans tous les temps, le pivot de la civilisation et chez tous les peuples la mesure de leur grandeur.

Nous avons parlé des trois manuscrits constitutifs du *Cours Royal* qui forment, en pédagogie princière, ce que nous appelons aujourd'hui l'enseignement primaire, secondaire et supérieur. Il nous reste à jeter un rapide coup d'œil sur les 42 manuscrits documentaires du *Cours Royal*.

Le manuscrit inédit nº 1, qui est anonyme, consiste en un songe allégorique éclos à la toute première aube de la Renaissance, où *Monarchie Chrétienne*, menacée par les Turcs, supplie Charles VIII de la sauver ; *Majesté Royale* écoute le propos contradictoire de *Dame Noblesse* et de *Je ne sais qui* et tranche l'éternelle question d'Orient en conseillant à la France de prévenir l'invasion de l'Islamisme en allant l'écraser chez lui et de ramener ainsi le sceptre d'Occident tombé des mains de Charlemagne, ce qui a été et doit être la visée constante de notre pays.

Je citerai comme spécimen du faire archaïque de cette œuvre curieuse une strophe débitée par *Je ne sais qui*, aïeul de notre Tiers-État, poltron et jouisseur :

Ne cherchons pas la guerre si très-loin,
Car bien souvent de nous fait son approuche.
Et s'il survient en France aucun besoin,
On n'aura pas sitôt frappé en coin
Tant de soudards dont cherrons en reprouche :
Aussi déclare, en tant que mon cas touche,
Que mieux nous faut faire ici bonne chère
Qu'aller si loin chercher proie si chère.

Le manuscrit inédit, n° II qui est anonyme, doit rester sans attribution.

Il me semble particulièrement précieux, parce qu'il est unique à nous fournir la doctrine en action d'un roi tout à la fois chevalier sans reproche et amoureux irréprochable ; or, cet idéal a été poursuivi sans relâche par François Ier qui voulut, avant tout, être armé chevalier par Bayard ; notoirement aussi des livres de chevalerie et de noble galanterie ont largement contribué à son éducation : il parait donc certain que notre conte, très en vogue, durant l'adolescence de ce prince, a été lu, relu, étudié par lui.

Comme spécimen, je choisirai une page d'amour où on verra que si le roi chevalier parfait et parfait amoureux se laisse aller au plaisir pour fêter ses victoires, il le fait à l'insu de tous et sans s'y attarder.

« Et est venu au lit de la dame qui dormir ne pouvait ;
« mais l'attendait à grand désir et elle le reçut entre ses bras
« à grands soulas et à grand desport.

« Que vous irais-je contant? ils eurent la meilleure nuit
« que jamais jeunes gens puissent avoir et bien voulussent
« que la nuit leur eut duré un an ; mais ce ne put.

« Quand ce vint un petit devant le jour, le chevalier du
« papegant s'en est retourné en son lit, pour ce qu'il ne fut
« pas su par aucun. Aussi s'endormit assez tôt comme cil
« qui n'avait dormi de toute la nuit, et dormit tant qu'il fut
« près de l'heure de tierce et lors s'est levé et appareillé, liez
« et joyeux merveilleusement comme celui qui avait eu de

« jour et de nuit tout le délice et toute l'aise que nul homme
« mortel ne pourrait deviser de bouche.

« En telle joie et en tel déduit demeura il bien VIII jours
« entiers qu'il ne lui souvint autre chose du monde fors
« mener son délice avec la dame aux cheveux blonds si
« scéellement qu'il ne fut aperçu. »

Le manuscrit inédit n° III, qui est anonyme, doit rester sans
attribution. Il consiste en une sorte d'idylle gracieuse, enjouée, élevée sur le Restaurateur des Lettres. Son tableau des
qualités et des bienfaits du Roi chevalier le rattache au
Cours Royal. Elle a cet avantage de montrer que, vers 1530,
c'est-à-dire soixante ans avant Malherbe, pouvait déjà se
trouver dans le vers francais non seulement une juste ca-
dence, mais encore une harmonie quasi Lamartinienne.

En voici un spécimen :

I

« Chantez mes vers, mes vers, chantez encore ;
« Dites encor, chantez mots d'excellence :
« Convient-il pas que François on honore ?
« Chantez mes vers, mes vers, chantez encore ;
« Vous soit François ainsi comme l'aurore,
« Dès point du jour montrant son excellence,
« Chantez mes vers, mes vers, chantez encore ;
« Dites encor, chantez mots d'excellence. »

II

No courez plus, fontaines et ruisseaux,
Arrêtez-vous, quand on en parlera ;
Faites bon guet, fleurs pendant aux rameaux
Et florissez, quand on le nommera.
Quand de son nom il vous souviendra,
Soit en hiver ou été qui prospère,
Jetez boutons où grace plus sera
Que la vigueur de nature, leur mère.

Le manuscrit inédit n° IV, qui est anonyme, doit rester sans attribution. Il consiste en un songe allégorique formant pendant à celui du manuscrit n° I.

Par la fiction du poète, Charles VIII, jadis candidat traditionnel à la couronne du Saint-Empire, adresse du paradis une épître à François Ier sur la concurrence de celui-ci avec Charles-Quint. L'intérêt pour le *Cours Royal* de cette pièce de vers médiocrement rythmée et rimée est qu'elle trace, çà et là, les devoirs de l'Empire, c'est-à-dire de la suprématie en Occident. Spécimen :

> « Mais or voyons et faisons bonne preuve,
> « Si tu es tel qu'Empereur on t'approuve ,
> « Car quatre cas à ce sont fort requis,
> « Comme autrefois je m'en suis bien enquis :
> « Premièrement science militaire,
> « Secondement vertus que ne dois taire,
> « Tiercement faut avoir autorité
> « Et quartement convient félicité. »

Le manuscrit n° V n'est qu'en partie inédit : il consiste en la traduction de deux discours de Cicéron faite pour le Dauphin qui devait devenir Charles IX, attribuable par conséquent à son précepteur Jacques Amyot.

Le manuscrit n° VI, qui est anonyme, semble devoir être attribué à Jacques Amyot : Il comprend une traduction en vers d'une tragédie d'Euripide. Spécimens :

Chorus :

> « Bien heureux sont ceux et celles,
> « Que les vives étincelles
> « De Vénus point ne tourmentent
> « Et qui les expérimentent
> « Avec raison modérée,
> « Tempérance mesurée,
> « Usant leur vie amoureuse
> « En tranquillité heureuse,

« Car amour a doubles traits
« Teints en gracieux attraits :
« Les uns pour faire en martyre
« Vivre ceux à qui il tire ;
« Les autres, pour en tous temps
« Rendre les blessés contents. »

Autre chœur.

« Oh ! quelle joie démenée,
« Quelle harmonie fut sonnée
« Du chant nuptial d'hyménée
        « Sur les violes.

« Sur harpes propres aux caroles,
« Sur flûtes et doucines molles,
« Quand, avecque leurs dorées soles,
        « Les neuf déesses,

« Piérides aux blondes tresses,
« Musiciennes enchanteresses,
« De danser savantes maîtresses,
        « Vinrent bal'er.

« Et le mont Pélion fouler
« De leurs beaux pieds, à redoubler
« De bonne grâce sauts en l'air
        « Devant les Dieux,

« Au beau festin délicieux
« Des noces du très-glorieux
« Péleus, chantant à qui mieux mieux
        « Mainte chanson,

« Du fils d'Eacus et de son
« Épouse Thétis, en doux son
« Parmi la forêt et buisson...

Soupirs d'Iphigénie.

« O douleur, douleur nmère !
        « Hélas, mère,
« Chantons toutes deux de même :
« Pour moi la lumière claire
        « Plus n'éclaire
« Car voici mon jour suprême
        « Apportez festons
        « De fleurs et boutons
        « Et chapeaux sacrés
        « Pour en couronner
        « Et environner
        « Mes cheveux dorés. »

Le manuscrit inédit nº VII, qui est anonyme, semble devoir être attribué à Philippe Desportes : c'est un poème d'amour de 3,800 vers.

J'insère dans ma collection cette élégie dramatique vécue, faite pour Henri III, parce que d'une part les coupables, auteurs d'un adultère alors très célèbre, y meurent en exhalant une prière d'expiation fort instructive adressée à Henri III en indirecte leçon et que, d'autre part, cette élégie dramatique tendre, pathétique, mélodieuse m'a paru çà et là comme devancer, annoncer la muse tragique si harmonieuse, si passionnée de Racine. En voici la note morale :

« Dieu qui sonde les cœurs et juge le penser,
« Aussi prompt au pardon que l'homme à l'offenser,
« Tant sa compassion l'iniquité surpasse,
« Sur ce pauvre mourant jette son œil de grâce ;
« De ce soleil vivant un rayon plein de feu
« Fond de son cœur la glace et dissipe le nœud
« Dont le péché tenait son âme assujétie,
« Y rendant toute offense en regret convertie.

« Mourons, dit-il alors, nous l'avons mérité
« Apaisons, en mourant, le Seigneur irrité...

« J'ai votre croix au cœur, votre nom en la bouche,

« Laissez votre ire à part et la pitié vous touche !

« Que votre sang versé pour noyer le péché

« Lave l'impiété dont je suis tant taché ! »

Le manuscrit inédit n° VIII, qui est anonyme, me semble devoir rester sans attribution. Comme préface, on doit lui adjoindre le manuscrit XXXI dont voici un spécimen :

« Comme un art est estimé plus ou moins noble, selon la
« matière sur laquelle il s'emploie et les personnes qui
« l'exercent, qui peut disputer le premier rang entre toutes à
« la politique et n'avouer pas que, comme c'est l'art des
« rois, c'est aussi le roi des arts.

« Il veut bien, par exemple, recevoir cet art agréable qui,
« par le blâme du vice et la louange de la vertu, excite les
« cœurs des hommes à produire des actions dignes de
« l'immortalité qu'il leur promet et qui, mêlant utilement le
« mensonge à la vérité, a trouvé l'industrie de faire quelque
« chose de bon de la chose qui de soi est la plus mauvaise ;
« mais il ne veut pas qu'il s'emporte dans un lâche pané-
« gyrique et à des flatteries sacrilèges qui donnent aux
« hommes ce qui n'appartient qu'à Dieu, ni à des satires
» impudentes qui, d'une petite étincelle, allument un grand
« embrasement, peuvent, d'une querelle particulière, faire
« une guerre civile et de qui les médisances ne sont pas
« moins ennemies de la société que les larcins et les
« meurtres.

« Il trouve bon qu'il y ait des orateurs et des philosophes ;
« mais il ne trouve pas bon que tout le monde le soit, de
« crainte que la République ne soit un corps monstrueux
« qui, au lieu d'avoir de toutes sortes de membres, n'ait que
« des yeux et des langues et que tous les citoyens se
« rangeant dans une même profession et abandonnant les
« autres dont le public a besoin, il ne lui arrive comme à un
« vaisseau qui court grande fortune de périr, lorsque tous
« ceux qui sont dedans se jettent du même côté. »

Fidèle écho d'Aristote qui, d'après Villemain, a fixé le premier, il y a des milliers d'années, le cadre de l'*Esprit des Lois*, notre traité l'a rempli, le premier dans notre langue, par le tableau comparé des divers gouvernements.

Les manuscrits inédits n°ˢ IX et X, qui sont anonymes, me semblent devoir rester sans attribution ; mais l'auteur, quel qu'il soit, est certainement un devancier très remarquable de Montesquieu. Ils forment en double trois parties où sont détaillées avec justesse et précision, les moyens : 1° de fonder ; 2° de conserver ; 3° d'accroître l'État.

Voici un spécimen de leurs 400 pages fort substantielles :

« L'expérience uous a montré que l'on peut se maintenir
« en toutes les formes d'État ; mais il n'y a rien de perpétuel,
« en ce monde ; par nonchalance l'ordre, le plus souvent,
« se corrompt et l'État se ruine ; ce qui provient des
« imperfections et des défauts qui se rencontrent en toutes
« sortes d'États. »

Avantages de l'État populaire

« Les avantages que l'on donne à l'État populaire sont la
« justice et l'égalité, sans faveur ni acception de personne,
« réduisant les constitutions civiles aux lois de Nature qui
« nous rendent tous égaux.

« Ainsi en retranchant l'avarice des uns et l'arrogance des
« autres, se nourrit l'amitié entre tous et chacun jouit du
« bien public et tous étant employés aux affaires, telle sorte
« d'État est ordinairement plus fertile en grands person-
« nages, l'artisan, par son entremise aux charges, se rendant
« et grand harangueur et grand capitaine. »

Défauts de l'État populaire

« Toutefois, plusieurs ont estimé l'État populaire être la
« pire et plus imparfaite de toutes les formes de gouverne-
« ment, car cette égalité que l'on prise tant est contre

« nature, laquelle donne aux uns plus de grâces et aux
« autres moins et, si elle devait être observée partout, il ne
« devrait avoir ni magistrats, ni officiers, qui emportent
« supériorité par-dessus les autres.

« L'égalité ruine l'amitié au lieu de la maintenir, n'y ayant
« jamais de querelles et d'ennuis plus grands qu'entre ceux
« qui sont égaux, soit pour suppéditer l'un l'autre, soit que
« l'un se peut passer de l'autre, le besoin que nous avons
« les uns des autres étant le principal lien des amitiés ordi-
« naires.

« Quant au public, il n'y a État plus mal gouverné que le
« populaire : c'est une foire où tout se vend, à ce que dit
« même Platon, étant gouverné par gens adonnés et nourris
« au gain, gens le plus souvent furieux, s'ils ne sont
« intimidés et en leurs craintes, irrésolus en toutes leurs
« affaires, peu secrets et difficiles à être assemblés au
« besoin, èsquels il a fallu, pour être conviés de s'assembler,
« la distribution de quelques deniers publics entre eux ;
« leurs assemblées sont toujours pleines de désordres,
« variété et inconstance, effets ordinaires de la multitude ;
« les sages n'osent parler, craignant la fureur du peuple qui
« se décharge toujours de ses fautes sur ses gouverneurs et
« les fous, criant plus haut, l'emportent. »

Le manuscrit inédit n° XI est une copie qui porte la date
de 1681 : il peut aussi bien contenir le travail de l'un des précepteurs du Louvre ayant utilisé les données du vainqueur
d'Yvry, qu'une œuvre propre de Henri IV.

En voici quelques pensées ou maximes :

« Les Commentaires de César, c'est le bréviaire des soldats.
« La France ne peut être ruinée que par la France.
« L'étranger, en corrompant le Français, a toujours ce qu'il désire.
« La Fortune envoie l'amer pour faire goûter le miel plus doux.
« La vaillance bat et la douceur ravage l'ennemi.
« L'amour sert de réveille-matin aux belles âmes.

« Le plus mauvais conseil est celui qui est le mieux connu par
« l'ennemi.

« Les plus braves valent le moins, quand ils ne sont pas commandés
« par aucun.

« Les membres ne valent rien sans le ventre et les soldats sans muni-
« tions.

« Il faut prendre les rapports tout au pire, puisque Malitia et Militia
« semblent être de même.

« Le capitaine doit avoir l'épée de Mars et les yeux de Janus. »

Le manuscrit n° XII est anonyme et ne comporte aucune
attribution, puisqu'il contient un travail collectif adressé
en 1611, à la Reine-Mère Régente, Marie de Médicis.

Il se trouvait en partie réalisé théoriquement par un
poème en X chants intitulé : « *Le Dauphin* », et dont l'auteur est Jacques de Lafons (Angevin).

Ce poème a été imprimé ; mais il est si peu connu que je
crois devoir en citer quelques passages qui complètent certaines lacunes de l'inédit :

« L'anarchie est un monstre, une Dire, une horreur,
« Un cerbère aboyant la rage et la fureur,
« Que Mégère enfanta sur le rivage blême :
« Rien n'est tant inégal que l'égalité même. »

« Un Roi luxurieux, dont la poitrine ouverte
« De cent traits Paphiens fait gloire de sa perte,
« Ne peut se dire Roi ; c'est pourquoi Jupiter
« Est feint de son État et sa forme quitter,
« Alors que transpercé d'amoureuses querelles,
« Il quitta sa Junon pour baiser nos mortelles ;
« Jupiter n'est plus rien qu'un cygne blanchissant,
« Un pigeon, une pluie, un taureau mugissant.
« Ah ! pauvre Éléonore, quelle fureur t'élance
« D'aimer mieux un bouffon qu'un monarque de France ?
« Vraiment tu montres bien que le feu de Cypris
« Change en monstres boucquins les plus divins esprits !

« Jeanne qui brûle toute et d'une flamme extrême,
« D'un lacet de fil d'or qu'elle a fait elle-même
« Etrangle son mari, pour ne le trouver pas
« Si fort qu'elle pensait aux amoureux combats. »

« Grand Prince, jugez-bien que Votre Majesté
« N'éclate que sous l'or d'un rayon emprunté.
« Que Dieu vous ôtera ce perleux diadème,
« S'il voit que vous soyez la proie de vous-même.
« Cil qui voluptueux galope à toute bride
« Par les lices d'amour et ne reçoit pour guide
« Qu'un désir sensuel ne peut vivre longtemps :
« L'excès fait que l'hiver talonne le printemps ;

« Les riches bâtiments sont marques de la gloire ;
« Mais le plus beau de tous est laisser une histoire
« D'honneur, de piété, de justice et d'amour ;
« Tout autre bâtiment périra quelque jour. »

« Avoir de beaux jardins où puissiez à l'écart
« Méditer la faveur que le ciel vous départ,
« Et, remâchant de Dieu les bontés ordinaires,
« Entrer tout en vous-même et sortir des affaires.
« Sied fort bien à un Roi ; les princes plus divins
« Ont été plus soigneux d'avoir de beaux jardins ;
« Atale en est témoin, ce monarque d'Asie,
« Qui n'a pas moins aimé son jardin que sa vie :
« Il l'appelait son port et les fleureux pourpris,
« Ou s'ancrait à repos l'esquif de ses esprits.
« Ce Dioclétien, pour qui les destinées
« Avaient filé en or cent heureuses années,
« Fut la gloire du monde et son contentement,
« Reçut pour tout empire un jardin seulement.
« Lysandre était un jour dans les jardins de Cyre ;
« Admirant sa vertu, sa fortune il admire,
« Père d'un beau jardin où il voit, tous les ans,
« Embouquetés de fleurs, renaître ses enfants. »

« Monter un grand cheval, le manier en rond,

« En avant, en arrière, à courbette et à bond,

« Qui toujours remuant remplisse la carrière

« D'écumeuse sueur, d'haleine et de poussière,

« Est un bel exercice et digne quelquefois,

« Entre tous autres jeux, d'entretenir les Rois. »

« La chasse est des grands cœurs le plaisir ordinaire :

« Ce Charles invaincu répété tant de fois

« (Car je voudrais qu'il fût le modèle à nos Rois),

« Affrontait corps à corps le sanglier sur place

« Et n'avait à plaisir que cette unique chasse. »

Le manuscrit inédit n° XIII, qui est anonyme, est l'un des trois manuscrits constitutifs du *Cours Royal* ; j'en ai donné la description détaillée dans un *Mémoire* lu à l'*Académie des sciences morales et politiques*, imprimé dans son *Bulletin* du 1er août 1898.

Le manuscrit inédit n° XIV, qui est anonyme, doit être sans attribution. Ce traité des *Devoirs d'une Reine* fut destiné a Marie-Louise de Gonzague, duchesse de Nevers, devenue reine de Pologne en 1645. Elle s'adonna à toutes les bonnes œuvres et fonda, à Varsovie, le couvent de la Visitation, où elle établit des Sœurs grises de la Congrégation de Saint-Vincent-de-Paul avec lesquelles elle allait souvent visiter les pauvres.

On sait que notre traité avait porté ses fruits. En voici quelques extraits :

« L'esprit universel qui doit animer toutes les prières de
« Sa Majesté est une reconnaissance profonde de sa
« misère, de sa faiblesse et de son indigence, et, toute
« Reine qu'elle est, Elle doit se regarder à l'égard de Dieu
« comme une pauvre et une mendiante et cette pensée lui
« doit même faire honorer particulièrement les pauvres, car
« tous les hommes et les Rois et les Reines, comme tous les
« autres, sont infiniment plus pauvres des biens qui sont les

« spirituels que les derniers des hommes, des biens de la
« terre et ils ont plus besoin de les recevoir continuellement
« de la bonté et de la miséricorde de Dieu que les autres
« n'en ont de recevoir leurs nécessités de la charité des
« hommes ».

« Sa Majesté ne doit rien souffrir d'immodeste en ses
« femmes et ses filles, ni dans leurs habits ou de trop grande
« liberté dans leurs paroles et s'il se trouve que, dans le
« royaume où Elle va, les femmes soient vêtues plus modes-
« tement que celui-ci, Sa Majesté est obligée de prendre en
« conscience la coutume de ce pays-là et ce lui serait un grand
« crime devant Dieu de corrompre tout un royaume par un
« mauvais exemple, en donnant lieu d'abolir des coutumes
« plus conformes à la modestie chrétienne par introduire des
« nouveautés pernicieuses et qui ne respirent que la dissolu-
« tion et la vanité. »

Le manuscrit inédit n° XV est un autographe de Louis XIV,
âgé de huit ans. — Il consiste en 42 thèmes latins dont les sujets ont été composés par l'abbé de Beaumont, précepteur.
Quoique divisés par numéros, ils ne forment qu'un tout tra-
çant magistralement un sommaire très bref des *Devoirs de la
Royauté*.

Le manuscrit n° XVI, qui est anonyme, m'a tout de suite
rappelé la manière du poète Scarron ; mais n'ayant pu, malgré les recherches les plus minutieuses, découvrir, à l'appui
de mon impression toute littéraire, la moindre preuve matérielle historique, j'ajourne d'autant plus volontiers cette attribution que les 7,500 vers badins de ce monument tout à la
fois héroïque, comique et satirique m'ont en général paru
d'un enjouement leste, élégant, friand, qui se distingue du
gros rire un peu salé de l'auteur de Virgile travesti. D'ailleurs, c'est le cas ou jamais de dire : « Peu importe la paternité ; l'œuvre amuse, charme, enseigne, instruit, c'est l'essen-
tiel. »

En voici un spécimen sur les enrichis de 1649 :

« Ce sale excrément des familles,
« Ces vils insectes, ces chenilles,
« De qui la génération
« Vient de notre corruption.
« Cette pernicieuse engeance
« Qu'on ne voit point ailleurs qu'en France,
« Ces gueux qui, depuis peu de jours,
« Couvrent leur crasse de velours,
« Qui, sortis de puants repaires,
« N'oseraient pas nommer leurs pères
« Ou qui même ne le pourraient,
« Quand bien les coquins l'oseraient ;
« Ces hommes qui mangent les autres,
« Qui pillent mes biens et les vôtres,
« En un mot ces honnêtes gens,
« Que l'on appelle partisans.

« Toute la bande partisane,
« Tout ce menu fretin qui glane
« Après ces riches maltôtiers
« Qui fauchent des peuples entiers,
« Bref, tous les sous-traitants ensemble
« Sachant que la meute s'assemble,
« S'y trouvent en grand appareil
« Et veulent être du Conseil.

« Tout d'abord Messieurs les rebutent ;
« Mais ceux-ci tempêtent, disputent
« Et, sans porter respect au lieu,
« Blasphèment le Saint Nom de Dieu ;
« Plus ces gros serpents leur résistent,
« Plus ces petits lézards insistent :
« « Aga » les entend-on crier,
« Nous sommes assez du métier ;
« Si vos maisons ont des dorures
« Jusqu'aux verroux, jusqu'aux serrures,
« Si vous vous servez à six plats,
« Si vous avez des marquisats,

« Des vicomtés, des baronnies,
« Ce n'est que par vos tyrannies,
« Car, beaux sires, nous sommes tous
« D'aussi bonne maison que vous :
« Le plus riche de vous fut drille ;
« La plus part porta le mandille ;
« Quelques-uns ont fait des souliers ;
« D'autres sont fils de chandeliers ;
« D'autres, sous les pilliers des Halles,
« Vendirent des babuts, des malles,
« Des nippes et des vieux habits ;
« Nous pourrait-on reprocher pis ?
« Pourquoi donc nous fermer la porte
« Et nous exclure de la sorte ?
« L'un dit qu'il est du pied fourché ;
« L'autre du quartier retranché ;
« L'autre qu'il a traité des gages
« Des officiers de cinq baillages ;
« L'autre qu'il a sur trois bureaux
« Cinq ou six offices nouveaux ;
« Ainsi qu'ayant dans les affaires
« Mis leurs finances les plus claires,
« A la veille d'être encor gueux,
« On ne doit rien faire sans eux ;
« Qu'étant battus d'un même orage,
« Menacés d'un même naufrage
« Et s'agissant de prendre avis
« C'est la raison qu'ils soient admis.
« N'est-ce pas une chose étrange
« Que des gens sortis de la fange,
« Que des échappés de laquais
« Soient logés dedans des palais,
« Qu'un Lorrain, un Basque, un Champagne,
« Soit Monseigneur à la campagne ?
« Qu'il soit baron, comte ou marquis ?
« Qu'il élève en princes ses fils ?
« Que tous ses repas soient des noces ?
« Qu'il ait chez lui quatre carrosses ?

« Et que son buffet soit paré
« De bassins de vermeil doré ?

« Toutes nos coquettes de femmes
« De servantes s'appellent dames ;
« Telle qui frotta les chenêts
« Met mille écus en cabinets,
« A le carreau garni de houppes,
« Ne boit plus qu'avec des soucoupes,
« Même a l'alcôve historié,
« L'estrade et le tapis de pié ;
« La plus sage d'elles ne pense
« Qu'à la pompe et qu'à la dépense ;
« L'une joue en tous temps ; l'autre a
« Plus d'amants que Cléopatra ;
« Si haut enfin leur excès monte
« Que j'en sais qui n'ont point eu honte
« De dépenser des mille francs
« En leurs plus petits passe-temps,
« En un goûter, en une danse,
« Car, pour les cadeaux d'importance,
» Tel a coûté quatre fois plus ;
« N'est-ce pas un horrible abus ?
« N'est-ce pas se moquer du monde ?
« Ce n'est pas sans sujet qu'on gronde.
« Pour moi j'ai cent fois admiré
« Que l'on en ait tant enduré :
« C'est pourquoi je ne puis me taire ;
« Je l'ai dit, je le réitère,
« Aussi bien un chacun le sait :
« Nous en avons un peu trop fait ;
« Mais à ce coup la Providence
« A conclu notre décadence ;
« Nous voici sans rémission
« Au temps de rétribution ;
« Nous rentrerons dans les misères
« Où nous avaient laissé nos pères ;
« Ainsi nous pourrons retrouver
« Le chemin par où nous sauver,

« Car, pour se sauver s'il faut rendre
« Tout ce que l'on n'a pas dû prendre,
« Tous nos biens n'étant pas à nous,
« Nous gagnons en les perdant tous.

Le manuscrit inédit n° XVII qui, dédié au Roi et à la Reine, porte un pseudonyme qualificatif et même très significatif, doit rester sans attribution. Il contient une épopée mythologique datée de 1661, précédant ainsi d'une trentaine d'années environ le *Télémaque* avec qui elle n'est pas sans quelque analogie, comme genre.

Soixante pages y sont consacrées au prince de Condé.

« Junon tenant le cercle et toutes les autres divinités y étant
« depuis la plus basse jusqu'à Jupiter, celui-ci dit qu'ayant
« été parlé des actions des héros français, il manquerait
« beaucoup à la satisfaction de la troupe céleste, si elle n'é-
« tait pas entretenue de celles du grand prince de Condé.

« Les neuf sœurs, toutes d'une voix, demandèrent d'en
« parler : Mars prétendit que lui seul le devait entreprendre ;
« Minerve déclara qu'elle avait lieu de prétendre la même
« chose ; les dieux inclinèrent en faveur de la déesse ; Mars,
« au lieu d'insister, dit qu'il aurait toujours la déférence
« qu'il devait aux dames et en particulier à Minerve qu'il
« honorait infiniment. »

Bien que Minerve ne soit qu'un chroniqueur, témoin des faits, rimant avec beaucoup de laisser-aller selon le genre, il y a dans son manuscrit des aperçus nouveaux. M. Mézières, président de la Commission de l'armée, à qui j'en parlai, voulut bien le communiquer à M⁅ʳ⁆ le duc d'Aumale à qui ce document « fort intéressant » avait échappé et, de la meilleure grâce du monde, l'illustre historien « qui employa de « longues années et les plus grandes lumières à faire une « histoire complète des princes de sa maison, s'empressa de « me faire exprimer ses remerciements ».

Tout le monde se rappelle Bossuet célébrant « le profond

« sommeil de cet autre Alexandre » pendant la nuit qui précéda la bataille de Rocroy ; mais notre manuscrit représente Condé méditant, préparant, guettant la victoire, au feu du bivouac, tout comme Napoléon dans la nuit qui précéda le soleil d'Austerlitz.

Après Condé défilent Turenne et tous les grands généraux de ce temps-là : le plus humble héros n'est pas oublié, sa qualité ou son exploit est relaté. Cet ensemble fait de notre épopée un véritable arc de triomphe où sont inscrits pour l'immortalité les noms des quatre cents braves qui ont concouru jusqu'en 1661 à la grandeur militaire de Louis XIV : c'est une sorte de livre d'or où la noblesse sera heureuse de trouver des titres à la fois vieux et nouveaux à la reconnaissance de la patrie.

Le manuscrit n° XVIII, qui est anonyme, a été publié pour la première fois par moi, en 1882, à l'actif de Molière.

Avant de montrer comment, se rattachant au *Cours Royal*, il peut, il doit faire partie de la collection que je décris, je dois mentionner les incidents, les débats qu'il a soulevés.

On devine ce que serait devenue une telle collection, si j'avais laissé éventer la topographie de mes sources.

Aussi ai-je préféré être accusé de supercherie par certain sot qui, du reste, l'a payé cher. (Jugement du 27 mars 1883, police correctionnelle : La Loi.)

La froide Thémis, en la personne du sagace président Feuilloley, s'est écriée elle-même avec Edmond About : « Bravo, Molière ! » après cette tirade du Tartufe politique, *M. Poncet, créature de M. Colbert* :

Monsieur Poncet à Monsieur Colbert,

« J'ai connu la fortune, en connaissant le monde,
« Nous donner peu de biens si l'on ne la seconde ;
« J'ai vu que tout roulait sur deux fameux pivots :
« Sur les femmes et puis sur les rusés dévots ;

« Pour le premier parti n'est que brigue sur brigue,
« Des dévots raffinés plus certaine est l'intrigue ;
« J'ai choisi ces derniers, j'en ai fait mes amis
« Et quand j'ai mérité d'être en leur nombre admis,
« Tout méchant que je suis, j'eus l'âme bien surprise
« De voir qu'à ces dévots toute chose est permise :
« Ils mettent leur vertu dans l'art de se cacher ;
« Ce que l'on ne sait point ne se dit point pécher ;
« Réglant leurs actions dessus cette maxime,
« Un criminel prudent ne fait jamais un crime :
« Ils semblent en public combattre les plaisirs,
« On dirait pour la foi qu'ils se feraient martyrs ;
« Mais ces gens ont une âme en malice féconde,
« Sensible commme une autre aux délices du monde,
« Et ces gens en secret ne se refusent rien
« Pour goûter un plaisir ou pour gagner du bien :
« La vengeance, le vol, le meurtre, l'adultère
« N'est rien, lorsqu'en secret on a l'art de le faire
« Et si, par un malheur, quelqu'un est découvert,
« Avec tant de support la cabale le sert
« Que les plus clairvoyants sont aveuglés, de sorte
« Que le coupable enfin sur l'innocent l'emporte
« Et chacun voit si loin aller la trahison
« Que tous leurs ennemis n'ont jamais de raison.
« Sur les plus fins dévots saint Ignace a l'empire ;
« C'est pour cette raison que sa cabale attire
« Avec autorité tous les dévots à soi,
« Car tous ses ennemis le deviennent du roi :
« Si par un juste zèle un docteur leur résiste,
« Blâmant Jansénius, il sera janséniste ;
« Ces bons pères m'ont fait un bon nombre d'amis
« Et m'ont défait aussi de puissants ennemis,
« Car, en servant ma haine avecque leurs puissances,
« J'ai par eux exercé de cruelles vengeances ;
« Enfin, en épousant leur sort ou leur parti,
« J'ai par mille forfaits ma fortune bâti.
« Le manteau du dévot couvre si bien les crimes
« Que sous lui les plus noirs paraissent légitimes :

« Directeur Jésuite et la grimace au bout,
« Louant Dieu sans le croire, on vient à bout de tout,
« Le chancelier Séguier, dans le siècle où nous sommes,
« Est d'un commun accord le plus méchant des hommes ;
« Mais du nom Jésuite et la brigue et l'appui
« M'ont fait son familier et m'approchent de lui
« Et c'est par là, Monsieur, que j'ai, par un service,
« Mis dans votre intérêt ce chef de la Justice :
« Il a pour vous servir tant de zèle et d'esprit,
« Qu'il perdra le Fouquet, fût-il un Jésus-Christ ! »

Le *Livre abominable* se rattache au *Cours Royal*, parce qu'il révèle les points noirs du Roi Soleil et les raisons secrètes de son futur déclin.

En outre, Fouquet y trace les devoirs de la royauté et les Jésuites y étalent tous les secrets ressorts de leur action politique.

Le manuscrit inédit n° XIX, qui est anonyme, doit rester sans attribution personnelle, étant évidemment l'œuvre collective de ceux qu'intéressait l'éducation du Grand Dauphin.

Le manuscrit inédit n° XX, qui est anonyme, doit rester sans attribution. Nous sommes en l'an de grâce 1664. Ce manuscrit donne, avec la liste des personnes qui ont le droit de manger à la table de Mgr le Dauphin, des détails fort curieux sur l'ordinaire de ce personnage.

Il donne les noms des instituteurs dauphins et montre qu'il n'y eut pas un homme illustre dans n'importe quel genre d'esprit qui n'ait concouru de près ou de loin à l'éducation du Grand Dauphin ; on lui envoyait même les petits Phénix.

Le manuscrit inédit n° XXI est un autographe du Grand Dauphin. Il consiste en 16 quatrains dont chacun est plusieurs fois signé Louis ; l'ensemble forme un précis en vers des *Devoirs de la Royauté*.

Les manuscrits inédits n°ˢ XXII et XXIII sont en partie composés d'autographes de Bossuet. Ils comprennent des extraits des anciens philosophes :

Le premier des extraits de Platon, de la page 5 à la page 157 ; d'Aristote, de la page 157 à 297 ; de Xénophon, de la page 297 à la fin ;

Le second, des extraits de Plutarque, de la page 3 à la page 96 ; de Lucrèce, de la page 96 à 148 ; de Diogène Laërce, de la page 148 à 274 ; de Stobée, de la page 274 à 275 ; de Denis d'Halycarnasse, de la page 275 à 280 ; des Antonina Margarita, de la page 286 à 328.

Le manuscrit inédit n° XXVI, qui est anonyme, doit rester sans attribution décidée, car bien que je lui trouve certaines ressemblances de ton et de style avec les épîtres du législateur du Parnasse, je ne lui trouve ou mieux ne lui ai pas encore trouvé — je ne renonce pas à chercher — une preuve historique matérielle quelconque.

En voici quelques vers comme spécimen :

Au Roi

Si d'un langage pur le premier des Césars
Dans ses fameux écrits lui conte ses hasards,
Il pousse des soupirs pleins d'une ardeur extrême
Et, parlant comme lui, pense vaincre de même ;
Si, touché quelquefois de l'honneur des beaux vers,
Du cygne de Mantoue il écoute les airs,
Son esprit, dédaignant une gloire bornée,
Vole au-dessus d'Ascagne et n'observe qu'Énée ;
Mais, quand, pour contempler des faits plus glorieux,
Grand Roi, sur ton histoire il arrête les yeux,
Qu'il voit du Belge épars les troupes alarmées
Ouvrir de tous côtés la Flandre à tes armées,
L'Escaut frémir de peur jusqu'aux portes d'Anvers
Et Cambray de sa chute étonner l'univers,
Que de vœux empressés ! Que de jalouses peines !
Un feu, pareil au tien, s'allume dans ses veines
Et ce lion naissant épris de beau courroux,
Te voudrait à son tour pouvoir rendre jaloux.

Ce Dieu que les beaux-arts suivent tous à la trace,
Dans le Louvre aujourd'hui transporte le Parnasse
Et, voulant de sa gloire y répandre l'éclat,
Choisit pour interprète un illustre prélat,
Parle au jeune héros par cette voix fidèle
Et d'un prince accompli prépare le modèle.

Les manuscrits n°⁸ XXVII, XXVII *bis* et XXVII *ter*, qui sont anonymes, sont trois copies identiques, en trois écritures différentes, d'une œuvre publiée à Amsterdam en 1732, sous le nom du Comte de Boulainvilliers qui était mort depuis cinq ans.

Nos trois copies donnant cette dissertation pour préface aux deux volumes de la généalogie de *** attestent qu'elle fut écrite en 1662 par Courtenay, descendant de Louis VI, dit le Gros, ce qui change singulièrement, au point de vue documentaire, la physionomie et la portée de cette œuvre à certains égards magistrale et importante.

Le manuscrit inédit n° XXVIII, qui est anonyme, doit être attribué à Bossuet. J'en ai suffisamment parlé dans mon mémoire académique.

Le manuscrit inédit n° XXIX, qui est anonyme, mentionne que son auteur fut un des secrétaires du Roi. Je cède à un chercheur plus heureux l'honneur de déterminer lequel, s'il ne s'arrête pas comme moi à Pélisson. Spécimen :

A Louis XIV.

« S'il était informé de l'extrême dépense
« Que l'on fait au Palais, séjour fort affligeant,
« Où le meilleur procès se perd, faute d'argent,
« Tel qui pêche en eau trouble aurait moins bonne chance.

« D'un mot le souverain se ferait un mérite ;
« Pour l'arbitrage exprès il choisirait des gens,
« Ennemis d'intérêt, sages, intelligents,
« Qui jugeraient sans frais cause grande et petite.

« Par là l'on verrait moins de familles en proie :
« Les uns croyant gagner en perdant de leur dû,
« Sans se plus fatiguer par bien du temps perdu,
« Accepteraient sans peine une si douce voie.

« En effet, quel malheur après dix ans de peine
« De n'oser se flatter de quelque heureux succès,
« D'être félicité sur le gain d'un procès
« Dont le fruit est douteux, la dépense certaine.

« Beaucoup que l'injustice a mis en décadence
« Et qui vivent en crainte en leurs propres maisons,
« Sûrs de cueillir leurs fruits en leurs douces saisons,
« Verraient enfin chez eux renaître l'abondance.

« Et si c'était Louis qui fit ce grand miracle,
« A qui de triompher et vaincre sont un jeu
« Pour couronner ses faits, il réduirait dans peu
« La Chicane aux abois qu'on voit sur le pinacle.

« Ainsi vainqueur des Rois, vainqueur de l'hérésie,
« Arbitre de la guerre, arbitre de la paix,
« Digne, en vrai demi-dieu, des plus profonds respects,
« Sa gloire remplirait les cieux de jalousie.»

Le manuscrit inédit n° XXX doit être attribué à Bossuet.
J'en ai parlé suffisamment dans mon Mémoire académique.

Le manuscrit inédit n° XXXI, qui est anonyme, doit rester
sans attribution ; j'ajouterai simplement qu'il m'a paru digne
de Nicole. Voici la première page :

« La mémoire est comme un riche cabinet où l'esprit de
« l'homme serre et conserve ce qu'il a de plus cher et de plus
« beau. Là, quand il est à soi, il prend plaisir de se prome-
« ner et de se divertir, en contemplant les divers tableaux
« qu'il y trouve, selon que ce qu'ils lui représentent est hon-
« nête ou non. Qui doute qu'à la fin il ne lui en demeure in-
« sensiblement quelque chose de bon ou de mauvais, et que

« par cet aspect ordinaire ses actions, qui sont comme ses en-
« fants, ne s'impriment et ne portent pas les marques de ce
« qu'il a regardé si souvent? »

« Il est bien difficile de voir à toute heure une belle femme,
« sans avoir pour elle quelque inclination, et je m'imagine
« qu'il ne l'est pas moins de voir incessamment la vertu sans
« l'aimer et sans que les beautés que nous voyons en la co-
« pie ne nous fassent souhaiter d'avoir l'original en notre
« possession. C'est donc principalement pourquoi nous de-
« vons nous appliquer à l'exercice de ce bel art dont la con-
« naissance ne fait point l'homme architecte, peintre ou mu-
« sicien; mais qui le fait homme même, et qui ne lui apprend
« pas ou à naviguer sur la mer, ou à labourer la terre; mais
« qui lui apprendra à bien vivre, et par conséquent est au-
« tant au-dessus de tous les autres que toutes les autres cho-
« ses sont au-dessous de la vie. »

Les manuscrits inédits nᵒˢ XXXII, XXXIII et XXXIV, qui
sont anonymes, consistent en un dictionnaire alphabétique
de maximes. Notre siècle, que l'érudit pourrait appeler le
siècle des dictionnaires, ne s'est pas encore avisé de celui-là.
Le Grand Siècle, je me trompe, le Grand Dauphin eut le
sien. Un spécimen :

« *Abandon.*

« L'homme ne doit s'abandonner à rien, pas même à la
vertu.

« *Courtisan.*

« Les courtisans sont les esclaves de la faveur et les jouets
de la fortune.

« *Dieu.*

« L'homme sait mieux ce que Dieu n'est pas que ce
qu'il est.

« *Général d'armée.*

« Plus un général d'armée ménage la vie de ses soldats,
plus ils la lui sacrifient.

« *Grandeur.*

« Les grands ne règnent pas bien sur leurs sujets, si Dieu
ne règne pas sur eux.

« *Modestie.*

« La modestie est le sel et le fondement des grandes ac-
« tions et des hauts rangs, comme la superbe en est la
« rouille.

« *Politique.*

« La plus fine politique est de s'accommoder à la portée
« des esprits et des humeurs de ceux que l'on fréquente.

« *Prince.*

« La loi de la justice est la règle des sujets, et la justice de
« la loi, celle des princes.

« *Idem.*

« Les trésors du prince ne sauraient mieux être que dans
« les mains de ses sujets.

« *Règne.*

« Le règne n'est qu'une magnifique servitude ; néanmoins
« il n'est rien de plus naturel à l'homme que le désir de ré-
« gner et de commander ; mais il n'y a que la haute science,
« la parfaite sagesse, la vertu suprême et la longue expé-
« rience qui donnent le grand art de régner.

« *Simplicité.*

« Plus une chose est simple, plus elle est parfaite.

« *Tyrannie.*

« On ne voit guère de vieux tyrans. »

Le manuscrit inédit n° XXXV, qui est anonyme, doit rester
sans attribution. Il consiste en un mémoire curieux, parce
que, seul en son genre, il nous montre les desiderata mili-
taires de ce temps-là : je l'ai fusionné avec le manuscrit

inédit n° XXXV *bis*, parce qu'il semble en être comme la préface.

Le manuscrit inédit n° XXXV *bis* est signé du pseudonyme qualificatif Pierre Vérité ; je lui appliquerai la même origine qu'au *Livre de lecture* ; mais quant au fond seulement. En effet, la serre de l'aigle étant un sceau qu'on ne peut méconnaître, Bossuet ne paraît pas y avoir mis la main ; d'ailleurs le sujet, qui lui est étranger, ne prête guère à l'éloquence.

Cet exposé de l'art militaire s'appesantit sur les marches et pourrait bien avoir donné au maréchal de Villars l'idée de la stratégie qui a sauvé la France.

Le manuscrit inédit n° XXXVI est une œuvre à part se reliant d'une façon spéciale à notre collection ; une simple oraison funèbre, il est vrai, mais fort intéressante et de portée, à divers points de vue.

L'enseignement des Dauphins ne se fit pas seulement par le Louvre ; la chaire y contribua : l'éloquence sacrée, ayant pour cet enseignement des immunités fort grandes, sut toucher plus à fond.

Les manuscrits inédits n°s XXXVII, XXXVIII, XXXIX, XL, XLI, XLII sont tous écrits de la main du duc de Bourgogne ; deux cents pages seulement paraissent autographes de Fénelon et de Fleury, ses précepteurs : c'est une traduction de Tacite.

Les deux pièces inédites dont je vais parler ayant peu d'importance, je les rangerai toutes deux sous le numéro XLIII.

La première est une épitre enjouée et spirituelle tombée de la plume d'une femme de lettres oubliée ; je l'insère : 1° parce qu'elle concerne ce duc de Bretagne sur qui reposèrent, quelques années, toutes les espérances de la nation, tous les projets de l'auteur des *Essais* et d'un cénacle de réformateurs qui auraient, si ce prince eût vécu, préservé notre patrie de la décadence ; 2° parce qu'elle montrera ce que valait une femme de lettres du Grand Siècle, même lorsqu'elle occupait sur le Parnasse une place inférieure.

Le manuscrit inédit n° XLIV de ma collection, étant l'un des trois manuscrits constitutifs du *Cours Royal*, j'ai donné toutes les raisons détaillées de son attribution au duc de Saint-Simon, dans mon mémoire académique.

Le manuscrit inédit n° XLV est signé Louis-Hector de Villars. Il a été composé par lui de 1694 à 1719.

Saint-Simon, mon auteur favori en tant qu'auteur des *Essais*, l'ayant beaucoup abimé, je crois devoir réparer cette injustice de passion, en relatant à l'avantage du maréchal plusieurs mots de Louis XIV.

En 1703, des jaloux disaient, en l'absence de Villars, que s'il avait remporté de grands avantages, il ne devait pas seul en réclamer l'honneur, que d'autres généraux avaient partagé ses travaux, dirigé sa marche et tracé son plan « — Dites plutôt que mes généraux ont bien exécuté ses ordres. »

En 1709, Villars perd la bataille de Malplaquet. La France est consternée ; Villars est blessé ; Louis XIV va le voir, Villars veut se lever :

« — Demeurez et conservez-vous, ce sera le plus grand « des services que vous m'avez rendus. »

Quelle sûreté de coup d'œil en ce Louis XIV !

Villars avait érigé en système le grand art des *Marches*, il l'inaugura par la prise de Denain.

Il en tira une théorie qui fut présentée par lui à Louis XV, dès que le duc d'Orléans eut cessé d'être régent.

Loin d'être un fanatique de son métier, Villars était un phi-lanthrope, un délicat, un parfait honnête homme.

Tout son objectif consiste en deux choses : 1° savoir tout ce qui se passe chez l'ennemi ; 2° pouvoir l'atteindre dans son point faible.

Cette esquisse des quarante-deux manuscrits documen-taires du *Cours Royal inédit* a montré que, de Charles VIII à Louis XV, le génie de la France incarné dans le roi fit tout pour conquérir la suprématie politique, intellectuelle et morale en Europe, c'est-à-dire tenir en mains le sceptre de Charlemagne, et, à mon humble sens, selon mon doux espoir, tout lecteur de bonne foi, quelle que soit son opinion, aura de quoi se charmer et s'améliorer l'esprit, à parcourir et à méditer tant de belles œuvres qu'il ne soupçonnait pas.

Après cette vue d'ensemble du *Cours Royal*, basilique sans pareille, littéraire Notre-Dame-de-Paris, il me faut descendre pendant une seconde des hauteurs de la Renaissance et du Grand Siècle aux bas-fonds de notre temps : un trio de traîtres, naguère payés grassement pour faire mes affaires, un trio de maîtres sots sur qui j'ai par la sténographie et l'autographie le dossier le plus édifiant, foula aux pieds tout intérêt des lettres, toute conscience pour enclouer le succès de mes lectures académiques ; il échoua piteusement, on l'a bien vu ; si leur intrigue se renoue, je saurai la déjouer encore ; mais cette fois je ne me contenterai pas du mépris de mon silence, je révélerai toutes leurs turpitudes, en pleine préface de mon édition. Cela dit, je reviens sur le terrain scientifique et je donne les lettres d'accueil de mon *mémoire*.

INSTITUT DE FRANCE

« Paris, le 21 juillet 1897.

« Monsieur,

« Si vous voulez bien venir demain avant onze heures me voir à l'Institut, je vous indiquerai ¡certains détails à passer dans votre lecture.

« Il est possible que vous soyez appelé à lire au début de la séance pendant vingt ou vingt-cinq minutes.

« Vous commenceriez ainsi, sauf à continuer dans les séances suivantes.

« Agréez, Monsieur, l'expression de ma considération la plus distinguée.

« *** »

5

« N... sur   , le 19 août 1897.

« Monsieur,

« Vous recevrez dans la journée de demain 20 août là première partie du *précieux manuscrit* que vous m'avez communiqué (1).

« J'ai tenu à vous écrire pour que mon silence aujourd'hui ne vous inquiétât pas.

« Agréez, Monsieur, l'expression de ma considération la plus distinguée.

« Je compte que vous en commencerez la lecture le samedi 21.

« *** »

INSTITUT DE FRANCE

« Paris, le 20 août 1897.

« Monsieur,

« Je suis d'avis qu'il y a lieu de lire :

« 1° L'avant-propos ;

« 2° Le n° III et le n° IV ;

« 3° Feuillet 13, depuis la marque bleue jusqu'au feuillet 15, également marque bleue ;

« 4° Feuillet 16 depuis « *Mais ni les mœurs* », jusqu'au feuillet 17 : « d'accoutumer la jeunesse » ;

« 5° Feuillet 17 depuis « *Mais surtout qu'avan* », jusqu'au feuillet 19; la fin du chapitre VII au mot « parvenir » ;

« 6° Feuillet 38, chapitre XVII ;

« 7° Feuillet 41, chapitre XX ;

« 8° Feuillet 46, chapitre XXV entier;

                    chapitre XXVI entier ;

« 9° Feuillet 53, chapitre XXVIII ;

_____

(1) *Les Essais de Saint-Simon*

« 10° Feuillet 66, chapitre XXXVII ;

« 11° Feuillet 67, langue latine.

« Les très beaux passages que j'ai indiqués me semblent faire l'objet de trois lectures environ de vingt minutes chacune.

« Je pense vous voir demain samedi quelques minutes avant la séance.

« Agréez, Monsieur, l'expresion de ma considération la plus distinguée.

« *** »

Ces trois lettres se passent de commentaires. Mais déjà le 15 mars 1882, *la Revue Internationale de l'Enseignement Supérieur* ayant alors pour comité de rédaction : MM. Taine, Buffnoir, Lavisse, Petit de Julleville, Boutmy, de Beaussire, Gréard, Boissier, Cousin, Laboulaye, Léon, Lefort, Fustel de Coulanges, Pasteur, Gazier, Marion, Janot, Monod, Bréal, Dastre, Masson, Berthelot, avait posé la question au monde savant et, le 22 janvier 1891, son directeur à qui j'adressai *in extenso* mon plaidoyer d'authenticité m'avait demandé de « lui exposer avec documents et preuves à l'appui l'idée et l'objet de tout le *Cours Royal* », disant que ses lecteurs « connaissaient fort bien les *Mémoires* de Saint-Simon et en grande partie ses *Essais d'Éducation* », les nôtres, qui avec le *Manuel primaire de Louis XIV* par Arnauld d'Andilly, le *Livre de lecture du Grand Dauphin* par Bossuet vont former un *Cours* complet d'éducation princière, documenté par quarante-deux autres manuscrits sous ce titre « le *Cours royal inédit* » et ce sous-titre : « *La Renaissance et le Grand Siècle inconnus*.

Depuis quinze ans, M. de Boislile devait connaître par la *Revue internationale de l'Enseignement Supérieur* le chef d'œuvre d'un Saint-Simon, inconnu quoique deviné, et ne soufflait mot. Quand il vit l'Académie et *toute la presse* achever de solenniser ma découverte, il se rua sur moi,.... par derrière, pour empêcher mon *Mémoire* justificatif d'être publié officiellement. Il aurait beaucoup mieux fait pour son édition et pour lui-même de continuer à se terrer. L'A B C de de la polémique loyale, intelligente, sérieuse, est de montrer à son adversaire l'arme dont on entend lui percer le cœur, autrement on avoue tout haut qu'on n'est pas en mesure de le combattre, et, au lieu de le tuer, on se suicide.

« Monsieur et honoré collègue,

« J'ai déjà dévoré deux de vos volumes : le premier sur Bossuet et le deuxième sur l'Abominable Livre. Quel chercheur vous êtes ! et quel esprit de rapprochement et d'association d'idées il a fallu pour combiner tout cela !

« L'éducation cléricale à laquelle nous avons été soumis depuis nous a laissé échapper bien des choses intéressantes et même importantes. Ce que les Jésuites appellent « les bonnes mœurs » les a obligés à cacher toutes ces choses à la jeuhesse, et quand, au début de ce siècle, l'université laïque a été crée, elle a trouvé plus facile de laisser ce genre d'instruction historico-littéraire dans les mêmes ornières que de la déplacer.

« Vous ne vous figurez pas quel intérêt on prend à voir sous un autre aspect des choses si longtemps étudiées sous un unique point de vue. Merci ; et tous les gens un peu lettrés vous sauront gré du plaisir pris à la lecture de votre Cours Royal.

« Et recevez, je vous prie, l'expression de mes sentiments de dévouement bien sympathique.

« B. *** professeur à la Sorbonne. »

Un petit coup d'œil rétrospectif jeté sur mes débuts.

A Chantilly, feu Mgr le Duc d'Aumale avait pourtant bien accumulé tout ce qui regarde la maison de Condé, mais je lui fis parvenir en 1895, par un de ses collègues de l'Académie française, une copie du manuscrit n° XVII et je reçus le 15 janvier 1896 la lettre suivante :

« Chantilly, 15 janvier 1896.

« Monsieur,

« Je vous retourne le manuscrit de M. Ménard. C'est en effet un document très intéressant au moins en quelques parties. Je ne le connaissais pas et l'original doit être une rareté. Je n'ai pas pu faire lire cette copie au prince, car la lecture n'en est pas facile ; l'écriture est menue et serrée. Vous pouvez cependant, en rendant le manuscrit à qui de droit, remercier en bons termes de la part du prince pour l'intéressante communication.

« Votre bien dévoué serviteur.

« *** »

« Voici, mon cher ami, le manuscrit de M. Ménard, voulez-vous vous charger de le lui remettre et de lui exprimer les remerciements du prince ?

« Bien à vous.

« *** »

LE LIVRE ABOMINABLE

« Vous connaissez tout comme moi et vous n'avez certes pas oublié ces trois vers du Misanthrope :

> « Il court parmi le monde un Livre abominable,
> « Et de qui la lecture est même condamnable ;
> « Un livre à mériter la dernière rigueur ! »

Mais vous ignorez comme moi, je suppose, et le contenu de ce livre et le nom de son auteur. Vous n'ouvrirez donc pas avec indifférence les deux volumes que M. Auguste-Louis Ménard vient de publier chez MM. Firmin-Didot sous ce titre : *Le livre abominable.*

M. Louis-Auguste Ménard est un de ces audacieux que la fortune prend quelquefois en affection, un de ces chercheurs qui trouvent et qui savent mener grand bruit autour de leurs trouvailles. Par un de ces hasards qui ne tombent jamais sur les ignorants ni sur les sots, il a découvert les cahiers rédigés par un précepteur du nom de Bossuet, pour un élève qui était le Grand Dauphin, fils aîné de Louis XIV, père du duc de Bourgogne et grand-père de Louis XV.

J'ai eu le manuscrit sous les yeux, il y a un peu plus de sept ans, et il m'a paru authentique, non qu'il fût écrit de la main de l'illustre évêque de Meaux ; mais certaines traductions de Juvénal et certains commentaires ou applications politiques étaient marquées d'un sceau qui ne s'imite pas : « la serre de l'aigle ».

Presque tous les lettrés qui ont feuilleté, en ce temps-là, le *Cours Royal* ont partagé mon avis, et les Didot lui ont donné une consécration solennelle par la publication de deux magnifiques volumes in-8° qui sont dans toutes les bibliothèques.

Encouragé par un premier succès, M. Louis-Auguste Ménard a poursuivi ses fouilles dans un terrain toujours neuf quoique terriblement piétiné, le fond des manuscrits de la Bibliothèque nationale.

C'est là qu'il a découvert ou cru découvrir une œuvre inédite de Molière qu'il intitule sans hésiter : *Le Livre Abominable* et que MM. Didot, honnêtes gens et scrupuleux entre les éditeurs, ont imprimé sous toutes réserves et sans vouloir préjuger l'arrêt de la critique.

L'ouvrage est un pamphlet assez volumineux, un recueil de cinq dialogues en vers alexandrins, exclusivement consacré à la défense de Fouquet et à la confusion de ses ennemis. Les jésuites y jouent un grand rôle ; mais l'auteur ne s'est pas privé de mettre en scène les plus hauts personnages de l'État : le Roi, la Reine-Mère, Colbert, le chancelier Séguier et même le héros d'Alexandre Dumas et d'Auguste Maquet, notre ami d'Artagnan. Le ton général est celui de la satire, non pas de la satire anodine de Boileau, mais de la diatribe féroce de Juvénal qui emporte la pièce. Qui aime bien mord bien. Fouquet peut se vanter d'avoir eu de vrais enragés parmi ses amis.

Si j'en parle au pluriel, c'est qu'à mon humble avis ce pamphlet, souvent éloquent, quelque fois ennuyeux, panaché d'ombre et de lumière, est plutôt l'œuvre de plusieurs hommes que d'un seul.

A certains vers on s'écrierait volontiers : « Bravo, Mo- « lière ! » ; un peu plus loin la colère monte si haut et s'approche tellement du sublime que le lecteur se gratte l'oreille et se demande s'il n'entend pas retentir au loin le clairon de Pierre Corneille. Parfois aussi on pense à La Fontaine, à Pélisson ; mais les vers rocailleux, obscurs, de forme archaïque nous rappellent aussi Chapelain.

Ces disparates s'expliquent et s'excusent quand nous nous rappelons qu'un tel livre, imprimé entre 1661 et 1664 eût conduit son auteur en place de Grève. Il est probable que les illustres clients de Fouquet ont écrit son apologie à bâtons rompus ; qu'ils n'ont pas pris le temps de polir jusqu'à la perfection une œuvre de représailles destinée non pas au public mais à un petit nombre de fidèles.

Si, comme on peut le supposer, quelques-uns de ces dialogues ont été lus en petit comité, portes closes, soit chez le prince de Condé, soit chez un vieux frondeur incorrigible, janséniste, un de ces libres-penseurs qu'on appelait alors des libertins, l'auditoire attachait plus de prix au fond qu'à la forme et passait volontiers condamnation sur les défaillances de la plume.

Quoi qu'il en soit, les deux petits volumes de M. Louis-Auguste Ménard nous introduisent dans un coin mystérieux du Grand Siècle, nous font entendre une note hardie qui tranche singulièrement sur le ton général des louanges offficielles. Ces paperasses, chiffonnées à force de courir les rues sous le manteau, ne sauraient prendre place dans l'œuvre si correcte et si pure de Molière sans soulever de légitimes protestations. Si la recherche de la paternité n'est pas interdite en matière littéraire, il y a quelque audace à vouloir qu'un grand écrivain, un des maîtres du génie national, devienne père malgré lui.

Je ne crois pas que Molière ait été complètement étranger à la rédaction de ces dialogues ; mais Molière n'était pas homme à légitimer ses bâtards : ce sont là jeux de prince ou pour mieux dire de grand roi.

Edmond Abour.

Le *XIX° Siècle* de novembre 1883. (Voir spécimen du *Livre abominable*), p. 51 et 52.

Tout cela est bel et bon, s'écrieront certains fruits secs ; mais vous n'en avez pas moins commis deux graves délits littéraires. Je ne passerai rien sous silence et je vais dire un mot du Cantique des Cantiques *en vers* de Bossuet et des six *Fables Galantes* ou histoires allégoriques de La Fontaine, puisque certains jaloux ont essayé de me faire un crime impardonnable de les avoir donnés pour inédits dans la *Nouvelle Revue*, en mars et mai 1882.

Pendant huit jours maints lettrés nièrent l'authenticité des poésies de Bossuet ; enfin l'érudit M. Brunetière les écrasa en proclamant qu'elles avaient déjà été publiées à l'actif de Bossuet.

Voici les faits : d'abord je n'ai pas présenté moi-même un spécimen de ces poésies ; j'ai seulement fourni pour un article collectif certains éléments réunis en 1876, lors de ma première trouvaille d'un Juvénal et Perse de Bossuet célébrée par About, Sarcey, Dupanloup, Drapeyron etc, c'est-à-dire *un an avant le premier volume* de l'Edition Ecclésiastique compacte de Bossuet parue à Bar-le-Duc en 1877, où le X° volume donne en finale, comme inédit, sans indication précise de source, et, *pour cause*, le Cantique des Cantiques que j'avais eu la naïveté d'annoncer : même chez les premiers éditeurs du monde, il ne faut avoir la langue trop longue, ni la plume trop prompte ! Ensuite, il y a loin d'un article à un volume ;

en composant ma préface de Bossuet poète, je n'aurais pas manqué de trouver, comme M. Brunetière l'a fait, mon imprimé plagiaire; j'aurais revendiqué gaiement l'antériorité et j'aurais publié sous la rubrique « *Bossuet inconnu* » : car, 1° remettre au jour ce qui avait pu passer pour matériellement inédit pendant plus d'une semaine ne m'aurait pas semblé inutile; 2° ayant travaillé le *premier* sur *le manuscrit*, j'aurais révélé, même à M. de Brunetière, le bréviaire de spiritualité de Mme de Luynes, ce missel bijou aux tranches dorées sur marbrures, signé par elle et s'éclairant d'une longue correspondance toute spéciale avec un Bossuet nouveau qui m'est apparu « faisant des vers par un certain mouvement dont je « je ne suis pas le maître ».

Je n'en remercie pas moins M. Brunetière : 1° de m'avoir aidé à prouver qu'en matière d'inédit l'invraisemblable peut être vrai; 2° de m'avoir mis sur mes gardes encore davantage à tous égards : j'en ai pour garants les quinze années que j'ai mises à remuer, dans le plus strict silence, une montagne d'imprimés et de manuscrits, avant d'adresser à Messieurs de l'Académie la liste de mes découvertes ; cette anecdote piquante m'autorisait, me forçait même à user du pli scellé, jusqu'à publication intégrale.

Quant aux *Fables Galantes*, sitôt l'article paru signé d'un nom connu, tout autre que le mien, sur des données miennes, il est vrai, Charavay, l'expert en autographes, voulant savoir, si j'avais matériellement raison, vint constater à la Bibliothèque les traces de l'écriture de La Fontaine sur un manuscrit de ses Fables imprimées jadis sous le nom de Mme de Villedieu, et, sans hésiter, édita leur restitution à La Fontaine.

En effet, en outre de la griffe de celui qui « peignit la nature et garda ses pinceaux », il y a des différences de texte considérables entre l'imprimé et notre manuscrit; aussi tous les lettrés, notamment M. Jules Lair, auteur du *Fouquet nouveau* couronné par l'Académie qu'il me doit en bonne partie et de son propre aveu, M. Lair, dans la lettre que

M. Jean de Colonna a citée tout au long dans les *Vraies coulisses de la Comédie française*, s'empressèrent d'admettre tout au moins la collaboration du fabuliste : d'ailleurs, mon manuscrit fleurdelisé, provenant des armoires de Versailles, est déclaré présenté à Louis XIV ; il note la ponctuation de la lecture qui lui en a été faite ; sa calligraphie d'étiquette est gâtée, je me trompe, embellie, enrichie par les corrections sans gêne du bonhomme ; sur cette base matérielle, et grâce à l'appoint de l'érudition antérieure, il était fort aisé de reprendre à une courtisane de lettres du Grand Siècle un de ses nombreux, je ne dirai pas vols, mais bien cadeaux littéraires. Je viens d'exposer loyalement, scrupuleusement au monde savant le bien et le mal dits jusqu'ici sur des découvertes, déroutant beaucoup, il est vrai, mais pour cela d'autant plus précieuses. Je lui laisse le soin de conclure, et j'accueillerai avec gratitude les objections qui me seront faites, afin que dans mon édition prochaine les Lettres puissent en profiter.

Louis MÉNARD.

A la dernière heure, je reçois la note officielle du *Times* : cette fois, je ne traduis pas ; quand elle parle des raisons de mon attribution à Saint-Simon, elle emploie un qualificatif intraduisible ; quand elle annonce la traduction forcée du COURS ROYAL par l'étranger, elle le fait en des termes qu'il ne faut pas dénaturer :

« THE TIMES, Thursday, november 10.

« (France).

« From our own correspondent,

« Paris, nov. 9.

« M. Louis Ménard has given an account before the Academy of Political and Moral Sciences of 45 manuscripts, some of wich were discovered by him in an old Manor-

house, while others had escaped notice in public librairies
or archives. They all relate to the education of Louis XIV
and his descendants and show the pains wich were
taken to prepare them for their high duties, M. Ménard
gives cogent reasons for attributing some of these volu-
minous manuscripts to Saint-Simon, but, however this
may be, they are of great inherent interest, judging by the
passages wich have been printed and the publication of
them will be awaited with interest. That interest moreover,
will not be confined to France, and many works of less
apparent value are eagerly translated into foreign lan-
guages. »

Je termine par cette lettre de l'éminent directeur de l'une
de nos grandes Revues universitaires :

« Paris, 24 novembre 1898.

« Mon cher ami,

« Il y a vingt-deux ans que j'ai fait votre connaissance à la
Bibliothèque nationale où nous nous rencontrons souvent
encore à la « Réserve » et au journal le *XIX° Siècle*, récemment
fondé alors et dirigé par notre maître à tous deux, le spi-
rituel et bienveillant About, qui applaudit publiquement à
nos premières trouvailles littéraires.

« J'ai pu voir avec quelle conscience vous travaillez.

« Certes, vous pouvez vous tromper : *errare humanum* —
mais ce n'est pas sans avoir pris d'infinies précautions pour
éviter toute méprise. Ne vous rendez-vous pas ce précieux
témoignage : « J'ai mis vingt années à reconstituer le
Cours Royal. »

« Vous avez donc longtemps réfléchi avant de prononcer
le nom de Saint-Simon. Si vous n'avez pas encore fait la
preuve pour l'Académie des Sciences morales et politiques
quelque peu incrédule jusqu'ici, vous vous l'êtes faite à
vous-même et vous conviez vos honorables contradicteurs à

une toute prochaine *vérification*. D'ailleurs, les textes de Saint-Simon tirés de ses Mémoires, que vous reproduisez dans votre lettre du 26 juin 1898, à M. le Secrétaire perpétuel, et la date de l'*Essai* inédit (1ᵉʳ novembre 1709), semblent bien près d'emporter les convictions.

« Mais réservons ce chapitre. L'Essai, quel qu'en soit l'auteur, est des plus remarquables. L'écrivain s'est mis d'accord avant de prendre la plume avec le plus illustre des précepteurs royaux, avec Bossuet. Voir le rôle prépondérant et presque exclusif qu'il attribue à l'histoire dans l'éducation des Princes.

« Certes, les temps ont marché, depuis lors, et l'histoire est distancée. La géographie prend le pas sur elle, et si celle-ci peut guider encore l'humanité entière, c'est à condition qu'elle soit elle-même guidée par sa sœur, la géographie, dont le droit d'aînesse est aujourd'hui reconnu.

« Vous avez vous-même remarqué le peu de résultats (vu l'effort), auxquels ces « Éducations Royales », même confiées à des maîtres hors ligne, ont abouti. Ou bien ces princes avaient peu de dispositions naturelles, ou ils sont morts trop jeunes. Vous pourriez réclamer en faveur de Louis XIV, mais c'est lui peut-être qui a eu, parmi les Bourbons, les précepteurs les moins marquants, à moins que vous ne comptiez parmi eux, et vous auriez raison, Mazarin lui-même.

« N'importe, le Cours Royal honore le Grand Siècle ; il le complète moralement et littérairement ; il rend témoignage pour lui.

« Avoir trouvé et reconstitué « Le Louvre scolaire », est pour vous un grand titre dans le siècle présent qui a élevé la pédagogie au rang de science. Notre pédagogie démocratique doit un bon accueil à son aînée, la pédagogie royale.

« Veuillez agréer, avec mes félicitations, etc.

Drupeyron.

« *Docteur ès-lettres, agrégé, etc.* »

« Paris, 28 novembre 1898.

« Mon cher et distingué Confrère,

« J'ai parcouru avec beaucoup d'attention votre brochure sur le Cours Royal inédit au Grand Siècle.

« Le deuxième manuscrit de ce Cours ne peut être attribué qu'à Bossuet ; c'est sa phrase magistrale et pleine d'ampleur, son style grandiose à longues périodes, avec ses apostrophes qui n'appartiennent qu'à ce dieu du genre oratoire.

« Pour le troisième manuscrit, c'est du Saint-Simon, on y retrouve la phraséologie des *Mémoires*.

« Beaucoup de chercheurs ne seront pas de mon avis, mais j'oppose à ces derniers cet argument :

« Je considère Saint-Simon comme le premier des reporters ; pour écrire ses portraits qui sont des *échos* un peu longs, il a du condenser sa pensée en lignes colorées, il ne pouvait donc pas, dans un ouvrage de longue haleine, garder la même manière.

« Votre serviteur, qui n'est qu'un obscur écrivain, à côté de Bossuet et de Saint-Simon, est surtout connu comme échotier. Or, mes échos, ou du moins leur construction, comparée à la phrase qui m'est habituelle dans les nouvelles et les études que je publie dans les revues, laisserait des doutes dans l'opinion des experts.

« Dans la facture d'un écho, je suis obligé d'être court, exact, imagé ; dans une étude, j'ai toute la facilité d'arrondir mes périodes. Et cette différence est dans la nature de tous les êtres qui agissent : l'allure du cheval de cirque lâché sur une route n'est plus comparable à celle qu'il prend sur la piste les soirs de représentation, et c'est pourtant le même cheval.

« Peut-être ma comparaison équestre ne convaincra-t-elle pas nos détracteurs ; mais j'ai la conviction, d'après les derniers procès de presse et d'expertises en écritures, que nos experts, nos magistrats et nos académiciens, manquent de l'entraînement intellectuel qu'il faut pour discerner les styles, et qu'un écrivain de métier ou un rat d'archives pourrait leur en remontrer.

« Soyez assuré, cher et distingué Confrère, de ma cordiale sympathie,

« Paul Devaux,
« Collaborateur au *Bulletin de la Presse*,
« Au *Monde moderne*,
« A la *Revue scientifique*, à la *Nouvelle Revue*,
« A la *Grande Revue encyclopédique*,
« Au *Figaro illustré*, etc., etc. »

FIN DES DEUX BROCHURES SUR LE COURS ROYAL
QUI NE SONT PAS MISES DANS LE COMMERCE

9 782014 467864